# Educação, Psicanálise e Direito

Mônica Amaral
Organizadora

# Educação, Psicanálise e Direito

Casa do Psicólogo®

**1ª Edição**
*2006*

**Editores**
*Ingo Bernd Güntert e Christiane Gradvohl Colas*

**Assistente Editorial**
*Aparecida Ferraz da Silva*

**Produção Gráfica, Editoração Eletrônica & Capa**
*Renata Vieira Nunes*

**Ilustração da Capa**
*Renato Tassinari*

**Revisão**
*Maria de Fátima Alcântara*

**Dados Internacionais de Catalogação na Publicação (CIP)**
**(Câmara Brasileira do Livro, SP, Brasil)**

Educação, psicanálise e direito / Mônica Amaral organizadora – São Paulo: Casa do Psicólogo®, 2006.

Bibliografia.
ISBN 85-7396-483-9

1. Psicologia educacional 2. Psicanálise do adolescente I. Amaral, Mônica.

06-5791 CDD- 155.5

**Índices para catálogo sistemático:**
1. Adolescentes: Psicanálise 155.5
2. Psicanálise do adolescente 155.5

**Impresso no Brasil**
*Printed in Brazil*



**Casa Psi Livraria, Editora e Gráfica Ltda.**
Rua Santo Antonio, 1010 Jardim México 13253-400 Itatiba/SP Brasil
Tel.: (11) 45246997 Site: www.casadopsicologo.com.br

**All Books Casa do Psicólogo®**
Rua Simão Álvares, 1020 Vila Madalena 05417-030 São Paulo/SP Brasil
Tel.: (11) 3034.3600 E-mail: casadopsicologo@casadopsicologo.com.br

# Sumário

## Capítulo 5



## Capítulo 6



## Capítulo 7

## CAPÍTULO 8

# Prefácio

Envolvendo questões sociais e subjetivas de diferentes teores – da patologia psíquica à legislação penal, passando por problemas do cotidiano da escola e da comunidade –, este livro trata da questão da adolescência e seus embates com a Lei. É nesse terreno inquietante, em meio à angústia do nosso tempo, que o livro mostra a fecundidade do diálogo estabelecido nas fronteiras entre a educação, a psicanálise e o direito. É também aí que se assentam as bases de sua paradoxal atualidade.

Reclamar que os jovens não respeitam as normas sociais não é exatamente uma coisa nova. O poeta grego Aristófanes acusava os jovens de destruir as hermas, em suas arruaças pelas ruas de Atenas do século IV AC. Denegrir as novas gerações é lugar-comum; parece parte do choque que sucede o aparecimento de cada geração os mais velhos falarem da decadência dos costumes dos mais jovens. Pois tanto hoje, como ontem, ser jovem representa o desafio de resolver um paradoxo: é preciso afirmar seu lugar no mundo adulto, mas de maneira que essa afirmação não seja percebida como obediência pelos adultos, pois a obediência é típica da dependência infantil. De certo modo, em quase todas as sociedades, em maior ou menor grau, os jovens realizam essa dança à beira do abismo, desafiando os limites da Lei. Ora, parece estar aí o que existe de novo no mal-estar da juventude contemporânea – o obscurecimento da Lei.

Olhando a questão dessa perspectiva histórica, sabemos que as comunidades humanas adotaram, tipicamente, uma das duas alternativas de se lidar com as transgressões juvenis. A primeira foi a de proibir qualquer manifestação e qualquer expressão de ruptura das normas por parte do jovem. A outra foi a de tolerar algum nível de transgressão, desde que estivesse mais ou menos confinada e sob o controle dos adultos.

A segunda opção parece ter sido a mais sábia. As comunidades integradas abriam aos jovens espaços de transgressão tolerada, definindo um nicho normativo para a adolescência, que Eric Ericson chamou de moratória social. A transgressão nesse contexto era ao mesmo tempo explicitamente condenada e implicitamente encorajada pelos adultos. Participava por vezes dos ritos de iniciação que mediavam a passagem ao estado adulto. Até hoje, alguns pais proíbem ao filho dirigir sem carteira, tomar um pileque ou se meter em brigas, mas ficam preocupados se o filho não fizer pelo menos uma dessas coisas.

As comunidades integradas acolhiam essa injunção paradoxal dos adultos, porque havia nelas segurança quanto às normas compartilhadas e quanto aos critérios de avaliação das condutas. A comunidade não se sentia ameaçada, uma vez que a transgressão permanecia confinada e era vista como transitória. O modo de vida integrado e comunitário, ao contrário do que os educadores pensam, deixava espaço para as transgressões juvenis. O que mudou, fundamentalmente, foi a maneira de se lidar com elas.

A delinqüência juvenil tornou-se assustadora quando a comunidade perdeu o controle sobre ela, isto é, quando os mecanismos de controle comunitários se enfraqueceram. Sem a conivência dos adultos, sem acordo sobre as normas que permitem distinguir entre abusos e "coisas da meninada", as transgressões juvenis perderam seu caráter discriminado.

As grandes conglomerações das periferias das grandes cidades brasileiras exemplificam essa quebra na representação das condutas adolescentes. Ao contrário da percepção oficial, que normaliza a pobreza, sabe-se que a periferia é caracterizadas pela heterogeneidade social e cultural. A relativa homogeneidade de renda está só fracamente associada aos modos de vida e aos valores de seus moradores. Assim, a classe operária mora ao lado de uma baixa classe média preocupada em se diferenciar dos vizinhos; famílias imigrantes recentes, desempregados em situação de exclusão convivem com uma rede de apoio ao narcotráfico, que por sua vez age ao lado de velhos moradores aposentados e casais jovens em começo de vida. Seja como for, sem evocar situações extremas, essa heterogeneidade cultural e a mobilidade domiciliar enfraqueceram terrivelmente os controles espontâneos que abriam espaços às transgressões toleradas. As condutas dos jovens, que podem eventualmente ser abusivas, tornam-se casos de violências mortais quando o tráfico fez das armas de fogo mercadoria acessível. Arruaças e palavrões não são mais percebidas como "coisas da criançada", mas como ataques mortalmente ameaçadores.

Os adultos passaram a não conhecer o suficiente esses jovens para estar na medida de intervir, e o jovem não reconhece mais na autoridade adulta o direito de intervenção. Ninguém conhece o suficiente suas famílias para prever as reações, ninguém sabe como agirá a polícia, os educadores, as autoridades do Estado e da comunidade. Como conseqüência, o medo e a paralisia dos adultos incentivaram transgressões e a violência dos jovens. Não só o medo esgarçou os espaços de tolerância, deixando os jovens entregues a si mesmos, como também transformou qualquer transgressão em problema de polícia. O nicho da moratória desapareceu – tanto na apatia como na repressão extrema – os excessos de jovens, que antes não passavam de problemas costumeiros da vila, do bairro ou da escola, parecem assim ingressar no caldo geral da violência urbana.

Esses problemas, transformados em estatísticas de segurança ou notas do noticiário dos jornais, remetiam a outras violências, simbólicas, econômicas e sociais que a realidade brasileira obrigou a economizar na indignação. Não foi mais essa atitude quando a transgressão juvenil manifestou-se no interior dos apartamentos e dos condomínios de luxo. Foi assustador perceber a presença de traficantes entre jovens remediados e abastados, foi desconcertante constatar que as caras escolas particulares não eram imunes à agressividade incontida, à difamação, à delação e ao roubo entre os alunos. Nunca se gastou tanta tinta como a que recobriu os crimes recentes em que pais foram vítimas de homicídio cometido por filhos adolescentes.

Esses acontecimentos tiveram a vantagem de retirar das classes populares a demonização de que são objeto seus jovens, ou inversamente, o angelismo, quando se tratam os jovens da periferia apenas como vitimas das terríveis carências culturais e materiais a que estão submetidos. Os crimes de jovens de classe média e a violência nas escolas particulares têm pelo menos o triste mérito de mostrar que todos os jovens, guardadas as proporções, estão no mesmo barco, quer dizer, submetidos às mesmas pressões da exaltação da ganância e do hiperconsumo, da rivalidade, da competição e do sucesso a qualquer preço. A famosa "perda de valores dos jovens" já não pode então causar espanto: os jovens passaram a viver, de fato, a perplexidade de se fazerem sujeitos, obrigados a serem eles mesmos, sem que nenhum enunciador coletivo – nem mesmo os dos responsáveis por sua educação – lhes dirija palavras que possam lhes servir de referência.

Ao lado de uma ordem social extremamente iníqua, o escravismo deixou-nos como herança a opção entre a ordem social ser imposta pela violência – portanto, pelo medo – ou ser cooptada pelo favor. Tanto no uso da força bruta, como na indulgência, há uma escotomização da Lei, uma confusão entre autoridade e autoritarismo, entre demanda e desejo. Em nome desse jeito brasileiro de ser, que estabelece a presença da lei, quando se trata de inimigos, e sua ausência quando se trata de amigos, inundou de psicologia – de má psicologia – os filhos da classe média e de abandono e castigo os filhos dos pobres.

Ora, o que a psicanálise veio a demonstrar é que tanto em termos psíquicos quanto em termos sociais, uma lei justa é impeditiva de abusos e, simultaneamente, propiciadora de abertura no universo do convívio social. O rigor da lei, quando existe justiça, não é contrário aos direitos humanos, mas condição dos direitos humanos. Pois, ao lado de seu teor repressivo, há um lado amoroso e protetor na Lei. De certa forma, a escola deve ao mesmo tempo sustentar a lei e propiciar a cada jovem o que deve aprender por si mesmo: a experiência de que viver sem lei é ser submetido à lei do mais forte, e a lei do mais forte é da ordem da animalidade, e não da ordem da convivência humana.

O que acontece hoje é que as medidas repressivas que, ao fim e ao cabo, persistem, escapam da idéia do direito, porque elas se apresentam apenas no fim de uma escalada aos extremos, quando as reações de jovens e adultos estão exacerbadas. A lei aparece como forma de resolver um problema apenas quando esse mesmo problema se tornou insuportável. É bem verdade que essa mesma cultura escravista fez com que muitos adolescentes tenham o sentimento de serem sido vitimas do arbítrio. Para que se torne internalizada, uma lei tem que ser legítima, de forma a não dar lugar ao aplauso surdo que se sucede à passagem ao ato de alguns adolescentes. Algumas vezes de forma errada, e com razão muitas vezes, os jovens pensam que as regras não são recíprocas entre adultos e adolescentes, que se tolera nos primeiros o que se proíbe para os segundos. Ora, uma ordem justa é aquela é aceita por todos – mas às vezes é mais difícil fazer aceitar essa ordem pelos adultos do que pelos adolescentes.

O problema central da educação dos adolescentes e jovens não é, assim, um problema de ordem ou de disciplina, o problema fundamental é o problema da justiça. A vocação educativa da escola, essencialmente política, coloca no centro de seu projeto a questão do Direito e do Estado de Direito. Nesse sentido, ainda que o apelo à volta da paz possa ser compreendido, esse apelo em si mesmo não é suficiente.

Os jovens são claramente favoráveis a uma ordem que seja capaz de lhes proteger da sua própria violência – atualmente a violência escolar é principalmente a violência entre alunos e a violência dos alunos contra si próprios. Assim, para que a injustiça pare de engendrar violência, é preciso que eles aprendam outra lei que não seja a lei do mais forte. Tanto como é preciso que a escola volte a deixar espaço para que eles aprendam, para que não seja mais vista como máquina ou produtora de fracassos ou de êxitos automáticos. Em outras palavras, é preciso que a escola abra um jogo verdadeiro, em que os alunos tenham a real chance de ganhar, para que possam se afirmar no jogo escolar, e não no jogo da força bruta.

A urgência dos problemas que a escola brasileira enfrenta nesse exato momento poderá sem dúvida emprestar um ar metafísico a essas observações que ligam a adolescência à educação e ao direito. Mas ninguém consegue imaginar que alunos aceitem uma disciplina quando seus estudos pareçam esvaziados de sentido. Ninguém é mais ingênuo a ponto de acreditar que uma escola possa funcionar sem disciplina, mas pode-se esperar também que ninguém seja crédulo o bastante para acreditar que a mera afirmação de regras e sofisticação da vigilância permitirão agir conforme aos ideais de uma escola democrática. Porque a questão da violência que rodeia a juventude nos fere profundamente, ela é a oportunidade a que temos que nos agarrar para pensar e agir. Como mostram os autores deste livro, entre outras coisas, para que as análises sobre educação dos jovens caminhem para além do mera repetição do discurso vazio.

*Maria Cecília Cortez Christiano de Souza*
*Professora Titular da Faculdade de Educação da USP*
*Julho de 2006*

# Apresentação

Este livro pretende contribuir para se pensar a complexidade do campo transferencial, se é que assim podemos designar o modo como as tendências fluidas e desagregadoras do mundo contemporâneo têm incidido nos diversos domínios da transmissão do saber, bem como no intercâmbio de experiências entre as gerações, ou simplesmente na formação moral e psicológica que é oferecida aos jovens de hoje. Um campo que se encontra minado, muitas vezes, pela falta absoluta de diálogo, não necessariamente por carência de empenho dos agentes envolvidos – quando, por ex., se trata de alunos e professores – mas porque ali se chocam formações intelectuais, culturais e afetivas de natureza completamente distintas. Deparamo-nos, por exemplo, com o tão conhecido declínio da autoridade do professor, um fenômeno que já vinha sendo apontado por Hanna Arendt, desde os anos 50, uma vez que o mesmo não era mais considerado portador de um projeto de transformação social que pudesse fazer vislumbrar às gerações vindouras um futuro de esperanças, que alimentasse nos alunos anseios genuínos de inserção na vida pública, não apenas como profissional, mas antes como cidadão. De outro lado, vivemos em uma sociedade em que prevalece uma espécie de ética indolor (expressão utilizada por Lipovetsky), em que o comprometimento com a verdade e o cuidado com o outro se vêem mutilados pela prioridade absoluta conferida aos direitos subjetivos de cada um de não se dedicar a nada e a ninguém, a não ser superficialmente. E ai de quem ousar abalar esta farsa! É preciso ordenar, trancafiar, penalizar sob o mais estrito rigor jurídico. O adolescente é o sujeito que se encontra mais afeito às incidências da cultura, que são colhidas por sua subjetividade, sobretudo nos tempos atuais, com uma violência sem igual, uma vez que suas âncoras narcísicas encontram-se fragilizadas – à procura de um recriar-se incessante e da re-construção em novas bases de sua identidade.

Essas são questões que não se restringem ao âmbito privado (familiar) ou escolar, uma vez que se referem também às condições que a sociedade, com suas instituições, oferece para a formação do jovem na atualidade, estendendo-se, portanto, aos domínios da indústria cultural e do direito.

Uma situação que parece se agravar com a globalização da economia e a expansão dos meios virtuais de comunicação, em que o indivíduo é lançado na ciranda da mundialização da cultura e do avanço tecnológico desenfreado, substituindo *ad infinitum* experiências coletivas e particulares significativas do ponto de vista da qualidade das relações humanas por meras projeções de prazer associadas, na sua maioria – como expressão de uma agressividade incontida –, à vingança, quando não ao escárnio e à mentira, presentes nos programas de televisão (*Big Brother*) ou nas telas do computador (tanto nos *games*, quanto nos *blogs* e *orkuts*). Com isso, perde-se, segundo o psicanalista Herrmann (1994), a substancialidade da comunidade sobre a qual se apóia a ação individual. Uma visão que me parece muito próxima da que sustentara o filósofo Walter Benjamin, que, particularmente em seu artigo *Experiência e Pobreza* (1989), ou ainda em *O Narrador* (1980), salienta a dialética que se estabelece no mundo contemporâneo, entre a redução da experiência coletiva (*Erfahrung*) e o empobrecimento da arte de narrar e, conseqüentemente, da própria dimensão privada da experiência (*Erlebnis*).

A questão é em que medida os adultos estão cientes das contradições que atravessam o *ethos* da vida em sociedade com sua ética ambivalente e indolor, para que possam compreender o pouco caso de uma certa geração de adolescentes para com as regras e leis impostas pela sociedade. É preciso menos adestrá-los, como o querem certos "educadores" ou "reformadores sociais", ou mesmo penalizá-los, e mais tomar a si mesmos – ou seja, o conjunto da sociedade e suas instituições – como objeto de uma profunda auto-reflexão e revisão dos princípios que orientam suas atitudes e crenças. Na verdade, talvez todos eles – normas, instituições e valores – estejam sendo efetivamente postos em questão, tanto por aqueles jovens que olham para a sociedade com desdém, agredindo-a, muitas vezes explicitamente e duvidando que a mesma tenha algo a lhes oferecer, como pelos que adoecem com ela.

O primeiro artigo, do psicanalista da Société Psychanalytique de Paris (SPP) e docente da Université Paris VI, professor Philippe Jeammet, "As patologias do agir na adolescência", discorre sobre as razões que estariam contribuindo para a crescente vulnerabilidade do adolescente na atualidade, considerando fundamental que se considere a interface entre o mundo externo e o mundo interno, tanto para sua articulação no campo teórico, como para se pensar sobre a terapêutica mais adequada ao tratamento do adolescente. Deixa claro que a compreensão das atuações ou patologias do agir do adolescente aponta para a necessidade de se repensar a noção de estrutura psicopatológica, uma vez que se fazem presentes nas mais diversas formas de organização psíquicas, e cuja gravidade vai depender, em grande parte, da qualidade da resposta oferecida pelo ambiente que o circunda. Embora seja um artigo eminentemente clínico, pareceu-nos fundamental incluí-lo nessa coletânea, pois oferece uma compreensão, à luz da psicanálise, de algumas condutas juvenis consideradas perturbadoras pelo conjunto da sociedade, o que pode contribuir tanto para se repensar o mal-estar reinante nas escolas, ou o papel da mídia na formação dos jovens, como aspectos normalmente desconsiderados pelo legislador para regulamentar as infrações cometidas por jovens e adolescentes.

O artigo da psicanalista Silvia Maia Bracco, professora da Escola de Sociologia e Política, "Exclusão e humilhação social: algumas considerações acerca do trabalho com crianças e adolescentes", relata uma experiência desenvolvida junto a um grupo de crianças e jovens residentes em uma favela na cidade de São Paulo, questionando o processo de constituição da subjetividade dos indivíduos que se encontram expostos à complexidade da dinâmica sociocultural desse ambiente. Promovendo atendimentos em grupo, verificou-se a necessidade de oferecer uma escuta informada por questões que ultrapassam o saber da psicanálise, tais como as suscitadas pelos estudos sobre humilhação social, exclusão e privação, objetivando uma nova compreensão para as manifestações observadas num repertório muitas vezes empobrecido, que é revelado por meio de explosões de agressividade e lacunas na capacidade criativa dos indivíduos em questão.

O artigo de minha autoria, "Encontros com professores e alunos de uma escola estadual do ensino médio – uma escuta em que a dimensão objetiva se vê alinhavada pela subjetividade dos atores", expõe uma experiência de inserção em uma escola estadual do ensino médio que pretendeu ser problematizadora da vivência em sala de aula. Procurou-se analisar a qualidade do mal-estar reinante na escola, em que tudo acontecia movido pelo desânimo e pela insatisfação, quando não pela presença de uma espécie de descaso generalizado com a coisa pública – no caso a escola – até que resultou em um estopim – uma verdadeira rebelião dos alunos contra uma professora – momento rico para a elucidação dos sentimentos latentes até então impossibilitados de se manifestarem. Sentimentos que expressavam a desilusão do corpo discente com a formação dada pela escola, o despreparo dos alunos do 3º ano para o mundo do trabalho, uma situação que se via agravada se ousassem almejar um curso universitário. De outro lado, professores com muita dificuldade de sensibilizar os alunos para a reflexão e o prazer da investigação e do conhecimento, demonstravam-se receosos de conhecer o universo de interesses dos alunos, sem sequer lhes perguntar o sentido de suas ações, grafites, inquietações e até mesmo de seus atos de rebeldia. Ora, tomando esse momento privilegiado de ruptura de campo do cotidiano desta escola, proponho, neste artigo, uma série de reflexões de natureza filosófica e psicanalítica que acredito que possam auxiliar a se pensar sobre a demanda latente de uma escola mais viva que venha a retirar alunos e professores desse estado de inapetência intelectual e emocional, de desencanto e distopia, geradores de um verdadeiro mal-estar reinante em mais de uma escola – sobretudo pública – nos tempos atuais, particularmente em nosso país.

O artigo da psicanalista argentina Mirta Zelcer, "Novas lógicas e representações na construção de subjetividades: a perplexidade na instituição educativa", também se refere a um descompasso entre as expectativas dos professores do ensino formal e o adolescente que tem surgido de fato na escola, deixando os professores bastante desiludidos, uma vez que não são mais requisitados a exercer as funções que tradicionalmente lhes têm sido delegadas. Fala-se de alunos sem limites, muito pouco tolerantes e respeitosos, que não sabem esperar, que possuem muitas informações, mas que parecem ficar transtornados pelos motivos os mais banais. E, o mais importante, os pais comportam-se como se não houvesse mais diferenças entre eles e seus filhos. A escola é tratada conforme as leis do mercado, o que se reflete até mesmo no modo como os alunos se dirigem aos professores, como se eles fossem consumidores de uma mercadoria qualquer. A grande contribuição deste artigo é exatamente procurar demonstrar como o fim do Estado Nacional, que abrigava a escola e traçava-lhes diretrizes, diante do processo crescente de internacionalização da economia e da informação acelerada e globalizada, deixou a instituição educativa à deriva. Se antes havia a equalização dos direitos dos cidadãos perante o Estado, cabendo à escola formar esse futuro cidadão, hoje a lógica de equivalência é outra: os chamados "consumidores-consumíveis mediáticos", que dentre outras coisas liquida com a idéia de diferença de gerações. A grande questão é se a escola poderá ser reduzida a um elemento do mercado qualquer, embora a autora deixe entrever que urge a construção de diferentes dimensões para que se dê oportunidade a alunos e professores de se recriarem como agentes educativos de um novo tempo.

O artigo da psicanalista e docente da SBPSP, Maria Cecília Pereira da Silva, "Sexualidade – da curiosidade à aprendizagem", convida o leitor a fazer um passeio pelos imaginários infantil e adolescente, detendo-se particularmente na relação íntima que se estabelece entre o desejo de conhecer, a curiosidade sexual de cada idade da vida e a qualidade do intercâmbio afetivo com os adultos, sejam pais ou professores. Salienta a importância da confiança do adulto nos projetos e sonhos dos jovens, assim como de sua orientação sexual, rompendo com preconceitos e tabus, para que os mesmos possam ter acesso às suas experimentações nos campos afetivo e sexual com segurança e amparo. Por fim, examina as qualidades do prazer de ensinar e de formar os alunos que estão presentes em alguns professores, cuja paixão estaria movida por uma espécie de circulação da pulsão do saber entre professor e alunos, conduzindo estes últimos não à mimetização do professor, mas à discriminação e à diferenciação.

O artigo da professora Clary Milnitsky-Sapiro, "Ele tinha tudo para ser feliz...", nos apresenta uma pesquisa interdisciplinar realizada em uma escola com alunos entre 12 e 14 anos, apoiada em uma abordagem psicanalítica e sócio-educativa, onde procura depreender as representações dos alunos sobre temas como sexualidade, relacionamentos afetivos, corpo e doenças sexualmente transmissíveis. Trata-se de oficinas realizadas com os alunos em que se problematiza os ideais veiculados pela mídia, que modulam em grande parte as concepções dos adolescentes de ambos os sexos a respeito desses temas.

O artigo das docentes Camila Menegaz e Clary Sapiro, da Universidade Federal do Rio Grande do Sul, "*Capricho* ou oráculo: representações na imprensa sobre adolescentes", analisa as representações sociais de jovens adolescentes veiculadas pela revista *Capricho* ao longo de uma década (de 1990 a 2000) e das narrativas de vinte adolescentes do sexo feminino entrevistadas em duas escolas particulares de Porto Alegre. As autoras procuram refletir sobre o modo como esse tipo de literatura incide sobre a constituição da identidade e subjetividade das adolescentes, oferecendo-lhes modelos estereotipados e descartáveis sobre temas como sexualidade, gênero e valores.

Finalmente temos o artigo do professor Carlos Alberto Menezes, da Universidade Federal de Sergipe, "Os limites da idade penal", que traz uma contribuição importante para o debate nacional a respeito de uma idéia cada vez mais presente na opinião pública de que se deva baixar a idade da penalização, sobretudo em conjunturas associadas à prática de algum crime hediondo perpetrado por um jovem da periferia das grandes cidades, que se encontra marginalizado dos sistemas de produção e de consumo vigentes. Nesse artigo, o autor faz uma abordagem histórica das diversas leis penais e projetos de lei que desde o século XVII tentaram regulamentar no Brasil a justa medida para a idade em que o indivíduo deveria ser considerado responsável e passível de punição. Ao expor os resultados de sua pesquisa, deixa clara a ambigüidade do legislador nessa matéria, prevalecendo a concepção de que a solução para o problema passaria, antes de mais nada, pela radical penalização do menor infrator, o que contribuiria, desse modo, muito mais para a criminalização de uma problemática que é essencialmente de natureza social.

***Profa. Dra. Mônica do Amaral***
***(organizadora)***
*Docente da Faculdade de Educação da USP e Membro Associado da Sociedade Brasileira de Psicanálise de São Paulo.*

CAPÍTULO 1

# AS PATOLOGIAS DO AGIR NA ADOLESCÊNCIA

*Professor Ph. Jeammet**

*(Esse artigo foi publicado originalmente como: "Jeammet, Ph. Approche psychodynamique de la psychopathologie de l'agir à l'adolescence".*
In: *"Bulletin de L'ACIRP, Adolescence et psychanalyse"*. Journée des CMPP de Besançon, 9/4/1994, n. 2, pp. 75-92.)

**Tradução do original em francês:**
**"Les pathologies de l'agir à l'adolescence",**
**por Fábio Lucas Pierini.****
**Revisão de Mônica Amaral*****

Não se trata, neste seminário, de dar um ponto de vista exaustivo sobre uma compreensão psicodinâmica dessas patologias freqüentes na adolescência, mas muito mais de expor as linhas diretrizes que guiam nossa ação concreta a respeito dos adolescentes que nos interessam. Para compreender a nossa perspectiva, acredito

* Chefe de serviço de psiquiatria do adolesecente e do jovem adulto. Hospital internacional da Universidade de Paris – F75014 PARIS.

** Aluno do curso de Pós-Graduação em Estudos Literários da Unesp FCL/CAr – fabiopierini@yahoo.com

*** Docente da Licenciatura e Pós-graduação em Educação da FEUSP, Membro Associado da SBPSP.

que seja importante situar o contexto no qual trabalhamos. Eu mesmo e o conjunto da equipe com a qual trabalho, somos, de fato, ao mesmo tempo, psicanalistas e psiquiatras ou psicólogos que trabalham num serviço de psiquiatria que acolhe adolescentes e jovens adultos. Essa posição nos coloca numa interface entre a realidade psíquica interna e o comportamento, entre o mundo das representações e o do agir. É essa interface que nos parece particularmente rica em ensinamentos e nos conduziu a relativizar certos pontos de vista centrados demais numa só perspectiva, interna ou externa, não podendo daí avaliar as implicações que essa centralização em apenas um dos pontos de vista acarreta, ao colocar de lado dados que concernem à outra face, atribuindo, freqüentemente, sentidos implícitos que nunca são objeto de uma explicitação.

O que de fato nos salta aos olhos nessa faixa etária e nesse tipo de patologia é como uma organização intrapsíquica semelhante pode corresponder a destinos radicalmente diferentes. Alguns fazem de sua relativa fragilidade o motor de uma evolução aberta, que autoriza, em todo caso, a valorização de suas potencialidades; outros, ao contrário, afundam-se num destino marcado pela repetição, o masoquismo e a autodestruição. Parece, nesses casos, que o que contribui para essas diferenças de destino é em grande parte a natureza da resposta do meio ambiente, ou seja, o papel que vai representar a realidade externa, podendo as respostas desta última entrar em ressonância com partes da organização interna intrapsíquica completamente opostas. Essa constatação nos levou a relativizar a noção de estrutura aplicada à realidade intrapsíquica. Pensamos de fato que a noção de estrutura só é verdadeiramente fértil para as organizações mais extremas, seja no sentido da patologia, seja no sentido oposto do que se costuma chamar de normalidade. Mas, entre uma e outra, existem possibilidades de evolução que deixam a realidade externa relativamente aberta durante um longo período, estendendo-se muito além do início da adolescência.

Essa constatação nos levou a acentuar a importância do manejo dessa realidade externa e seu papel como auxiliar do aparelho psíquico favorecendo ou impedindo o jogo dos investimentos e contra-investimentos. A realidade interna não é uma coisa em si que fixa sua própria trajetória independentemente dos efeitos de ressonância que ela encontra na realidade. Esses efeitos de ressonância podem influenciar a evolução em sentidos diametralmente opostos, tornando assim particularmente importante a necessidade de pensar, em termos de funcionamento psíquico, essa articulação entre o dentro e o fora.

Revendo a evolução de nossa reflexão após vinte anos, retrospectivamente me dou conta de que trabalhamos essencialmente em torno dessa articulação do interno e do externo e sobre a possibilidade de pensar essa articulação assim como a realidade externa em termos de funcionamento psíquico, de maneira a dar conta do peso dessa realidade externa na economia do funcionamento da realidade interna. O que está em jogo não são tanto os conteúdos fantasmáticos, essencialmente determinados pelo mundo interno das representações, mas muito mais o alcance desses conteúdos fantasmáticos na economia psíquica, alcance que depende particularmente desse jogo de investimentos e de contra-investimentos, assim como dos efeitos de ressonância entre esses conteúdos fantasmáticos internos e essa realidade externa. O jogo dos investimentos e dos contra-investimentos, assim como sua evolução, não depende apenas das forças internas presentes, mas igualmente da natureza das respostas trazidas por essa realidade externa.

Essa reflexão foi alimentada pelas contribuições de vários autores, Freud certamente, tanto quanto Winnicott, mas eu gostaria de insistir mais particularmente no que ela deve a A. Green e E. Kestemberg. A prática do psicodrama psicanalítico com esta última foi igualmente uma descoberta quanto à importância da articulação entre o funcionamento psíquico e o mundo perceptivo-motor das atitudes concretas e do comportamento. Sua personalidade e o estilo de suas intervenções tinham um impacto que ia muito além do conteúdo e do sentido do que era dito. São esses elementos pessoais, que, associados a uma justeza de tom e a uma capacidade de empatia, asseguravam o mais eficazmente possível o apoio ao narcisismo do adolescente e a mobilização de seus investimentos. Havia aí a criação de uma trama de prazeres e de interesses recíprocos, aquém de toda atividade interpretativa que me parece corresponder, no plano da economia psíquica, à área transicional de Winnicott: zona indeterminada, feita essencialmente de sentidos implícitos, que não é preciso, sobretudo, procurar explicitar, e que deixa em suspenso a questão dos limites entre sujeito e objeto e do que pertence a um ou ao outro. É essa área de apoio que autoriza um funcionamento psíquico diferenciado, graças ao trabalho de deslocamento, uma mobilização das instâncias, mas cuja ausência, ao contrário, se traduz por um colapso dessas atividades psíquicas, que se desdiferenciam acarretando um acréscimo dos afetos e uma ameaça de desorganização do Ego.

O psicodrama ilustra igualmente essa capacidade de apoio das instâncias psíquicas em personagens da realidade externa (Kestemberg, Jeammet, 1987). Não há apenas projeção dessas instâncias ou das imagos nesses personagens, mas também um trabalho de figuração, que substitui o trabalho de deslocamento intrapsíquico fracassado, e oferece, ainda, a possibilidade de nuançar e de modificar por partes essas projeções pela qualidade das respostas concretas alcançadas. Estas têm igualmente como conseqüência servir de contra-investimento das representações internas, que, por sua vez, perdem com isso uma parte de seu poder patogênico sobre o funcionamento intrapsíquico. Dito de outra forma, as representações externas sendo as mesmas, seu peso na economia psíquica, seu papel patogênico (por efeito de inibição, por exemplo) dependem, entre outros fatores, desse jogo dos contra-investimentos. Estes podem utilizar os dados trazidos pela realidade externa como apoio, ou, ao contrário, de um modo desorganizador. As conseqüências sobre o Eu são diametralmente opostas a isso. Tudo isso nos permite compreender que possam corresponder destinos muito diferentes a organizações psíquicas bastante semelhantes. O conceito de "espaço psíquico ampliado" (Jeammet, 1980) refere-se a esse papel dos dados trazidos pela realidade externa para o equilíbrio do funcionamento psíquico. Sua importância se faz sentir particularmente na adolescência em razão das mudanças da economia psíquica próprias dessa idade e notadamente do que chamamos o "afastamento narcísico-objetal" que ameaça o apoio narcísico trazido da infância pelos objetos investidos.

A patologia do agir ilustra de maneira exemplar essa articulação entre as realidades interna e externa (Jeammet, 1985). Entendo aqui por patologia do agir um conjunto de transtornos do comportamento que, para além de suas diferenças individuais, têm numerosos pontos comuns quanto às particularidades da economia psíquica das quais são os testemunhos, e quanto à natureza dos riscos que tais particularidades fazem pesar sobre o destino desses adolescentes. Trata-se do que se tende atualmente a reagrupar sob a denominação comum de condutas aditivas, ou seja, a toxicomania, o alcoolismo, certamente a dependência dos medicamentos, mas também os distúrbios do comportamento alimentar (anorexia-bulimia), as compras patológicas, as formas compulsivas de cleptomania; ou cortes na pele... Mas, também, tentativas de suicídio, condutas psicopatas, fugas, certas formas de recusa escolar... Assim como todas as variantes de passagem ao ato que ilustram o curso do tratamento desses adolescentes, seja este individual ou institucional.

Encontramos freqüentemente essas passagens ao ato no curso de tratamentos psicoterapêuticos de adolescentes. É espantoso constatar a distância entre o discurso do psicoterapeuta que toma em consideração a importância da transferência de seu paciente, do interesse e, às vezes, da abundância do material expresso; e o discurso dos familiares ou do clínico geral ou psiquiatra que insiste no surgimento ou na recrudescência de passagens ao ato e de condutas sintomáticas atuadas. Esse distanciamento entre os pontos de vista que conduz freqüentemente à interrupção prematura do tratamento, reflete a incapacidade do paciente em conter sozinho os conflitos e as contradições nascidas do próprio investimento transferencial.

É a própria intensidade da transferência que a torna impossível de ser dominada de outra maneira que tão somente pela atuação, com vistas a comprovar o poder do paciente, os limites do terapeuta, ao mesmo tempo em que introduz terceiros, os familiares inquietos, entre o paciente e o terapeuta. Cabe então aos que cuidam do paciente fazer o trabalho de ligação psíquica que o paciente não pode fazer. É-lhes necessário pensar sobre o vínculo para evitar um funcionamento por meio da clivagem. Se a clivagem se instala, pode resultar em uma terapia que se eterniza e condutas sintomáticas que se agravam. Não se pode dizer então que o sintoma cairá por si só quando não for mais necessário. Sua permanência contribui para organizar a própria personalidade em torno da clivagem do Ego, que altera cada vez mais suas capacidades de ligação.

Esses transtornos do comportamento têm em comum seu caráter transnosográfico e transestrutural. Mesmo se estes devem-se mais ao fato de certas organizações pertencerem ao registro da psicopatia ou dos estados limites, podem ser encontrados tanto nas neuroses quanto nas psicoses. Não é então na própria estrutura que se deve procurar as razões de sua emergência, mas antes de tudo nos fatores econômicos, mais ou menos conjunturais que abalam esta estrutura. Pode-se então pensar que existem fatores econômicos comuns às patologias do agir. Certamente seu prognóstico depende do contexto da personalidade sobre o qual se inscrevem, mas isso não basta para dar conta das particularidades desse modo de resposta. Estas são, ao contrário, favorecidas por conjunturas particulares, tais como a adolescência, e devem ter características muito comuns a esta última.

As patologias do agir traduzem um fracasso do aparelho psíquico em conter e remanejar as tensões e os conflitos. Ao forte abalo do quadro terapêutico, à agressão direta ou indireta dos familiares, corresponde a efração do quadro intrapsíquico. Este nos parece em si mesmo a resposta espelhada da invasão mais ou menos traumática do meio ambiente, no passado, sobre o espaço intrapsíquico da criança. Sob esse aspecto, essas formas de agir se diferenciam das atuações normais, ainda que o limite não esteja sempre traçado. Contudo, o agir normal ou ao menos cujos efeitos são positivos, se traduz por uma expansão do Eu e por um conforto narcísico. Este último pode existir no agir patológico, em que se encontra presente a função protetora do narcisismo e da identidade, embora seja essencialmente defensiva e de curta duração. Se o agir patológico pode proteger o Ego no momento, não o alimenta, e freqüentemente o empobrece. Ele tem fundamentalmente uma função antiintrojetiva. Corresponde antes de tudo a um trabalho de expulsão e de busca de controle no exterior, no mundo perceptivo-motor, daquilo que não pode ser controlado a nível intrapsíquico. Opõe-se diametralmente à capacidade associativa, ao trabalho de ligação, notadamente entre afetos e representação. Põe-se em busca das sensações para mascarar e fugir das emoções. Estas remetem ao intrapsíquico e aos laços com os objetos. Elas expressam por si mesmas o abandono do Ego que se submete a elas. A ameaça de transbordamento fica sempre como pano de fundo, pairando no ar de modo latente.

O tratamento em instituições é particularmente propício para a compreensão dos fatores psicológicos que intervêm na gênese das passagens ao ato. Sua reconstituição tem sempre conduzido a observar que uma passagem ao ato é acompanhada por comentários de certos membros da equipe que justamente não explicavam o seu aparecimento porque este sobrevinha logo após uma abertura particular do paciente: seja por ele participar de uma atividade a que se recusava habitualmente, seja por ele se mostrar particularmente aberto e comunicativo... Em poucas palavras, a passagem ao ato regularmente seguia o que se poderia caracterizar por um movimento de aproximação da equipe que cuidava do caso.

Para dar conta desse movimento aparentemente paradoxal da passagem ao ato, logo após uma aproximação relacional, é preciso remontar ao desenvolvimento inicial da criança. Parece-me, com efeito, que um dos pontos determinantes do desenvolvimento da personalidade é o possível antagonismo entre narcisismo e investimento objetal. Certamente trata-se de uma noção clássica e numerosos autores (Grunberger, Pasche) insistiram no caráter antinarcísico do investimento objetal, mas não estou certo de que se tenha insistido especificamente sobre os efeitos possíveis desse paradoxo na gênese das condutas do agir e de uma maneira mais geral da violência. A aproximação dos adolescentes nos põe no cerne deste problema na medida em que o adolescente vai exacerbar esse possível antagonismo, pois ela solicita de uma maneira particularmente forte o que permanece no adolescente de dependência em relação aos objetos investidos e à ameaça que essa dependência faz pesar sobre seu movimento de autonomia.

Para compreender melhor sua gênese é preciso se referir à constituição do que chamarei bases narcísicas que se alimentam da qualidade da relação com os objetos (Jeammet, 1989). Parece-me que uma grande maioria de autores está de acordo com a idéia de que o narcisismo absoluto inicial corresponde a uma determinada concepção da mente e que, desde o nascimento, e talvez mesmo antes, as interações relacionais participam do desenvolvimento da criança, e que é difícil conceber um narcisismo independente da qualidade das trocas e dos investimentos objetais.

As bases narcísicas representam o que assegura a continuidade do sujeito e a permanência de seu investimento nele mesmo. Elas repousam em suportes variados, mas que têm em comum o fato de opor-se dialeticamente ao que subsiste de disponibilidade para o investimento objetal. Oposição dialética que repousa, contudo, nesse duplo paradoxo: que as bases narcísicas só puderam se constituir a partir da relação de objeto (mas de tal maneira que a questão da oposição sujeito/objeto não pôde se colocar como tal); e que o "apetite" objetal será um pouco menos ressentido como "antinarcísico", para retomar a expressão de Pasche (1975), à medida que as bases narcísicas estejam mais solidamente estabelecidas.

Essas bases narcísicas aparecem muito diferenciadas e remontam desde os elementos mais primitivos até os mecanismos já secundarizados. Pode-se descrevê-los em termos de identificações primárias, de identificações narcísicas, de mecanismos de apoio (J. Laplanche), de homossexualidade primária e do estabelecimento dos primeiros auto-erotismos (E. Kestemberg). Tais descrições têm em comum a concepção de que o sujeito se constitui sobre a qualidade da relação mantida com o objeto, mas de tal maneira que a questão da heterogeneidade entre sujeito e objeto não tenha de ser colocada. Esta é a ambigüidade que preserva o funcionamento da área transicional de Winnicott. É sobre essa base aconflitual e essas aquisições interiorizadas que se desenvolverão, na seqüência, as identificações secundárias de uma maneira tão mais harmoniosa e narcisisante para o sujeito quanto mais essa primeira base narcísica estiver assegurada.

Um exemplo tomado no nível da primeira infância pode ilustrar esse processo de interiorização harmoniosa dos laços, de constituição dos auto-erotismos e das bases narcísicas ou suas dificuldades. As experiências de separação são um revelador privilegiado da qualidade dessas interiorizações. Tomemos o caso de uma criança que deve ir dormir; ela tem 18 meses, dois anos, período em que a interiorização tem um papel crucial no fundamento da personalidade e no começo da autonomização. Há esquematicamente três soluções.

O primeiro caso refere-se à criança que vai para a cama, confrontada com a separação de sua mãe, personagem investida importante, encontrando nela mesma os recursos interiores para suprir a ausência da mãe. Ela vai se pôr a devanear ou a chupar o dedo, tudo dentro de uma atividade de devaneio, de lembranças de coisas agradáveis em geral; e essas coisas agradáveis são alimentadas pela presença implícita das pessoas amadas de sua convivência, particularmente a mãe, que não precisa ser objeto de uma representação mental particular. A rememoração da mãe não é necessária. Ela está presente pela qualidade mesma do prazer tomado pela criança. As pessoas amadas estão presentes nela, na reativação de suas memórias agradáveis, que permitem à criança suportar a solidão.

O funcionamento psíquico substitui aqui as pessoas reais da convivência. A interiorização dessa convivência confere ao sujeito uma liberdade que vai lhe permitir explorar o mundo exterior sem muito medo. Ela adquire uma relação de segurança em seu interior.

Segundo caso: a criança chora quando a mãe se distancia. É uma criança que está em situação de dependência, ou seja, que para assegurar seu equilíbrio interior e sua segurança tem necessidade da presença real da mãe. É a mãe que permite que seu equilíbrio interior encontre um funcionamento um pouco mais normal, embora dependente de um apoio exterior. Essa criança é mais vulnerável. Não é necessariamente patológica, mas envolve uma situação de vulnerabilidade maior. Quando a mãe não está, essa criança corre o risco de entrar em pânico, de se desorganizar e de não utilizar seus próprios recursos.

Terceira possibilidade: a criança quando está sozinha não tem nem mesmo o recurso de chorar e de chamar. Está num estado de desamparo tamanho que lhe é necessário esquecer este estado e não pensar mais na pessoa que poderia estar faltando. Essa criança vai então recorrer ao auto-estímulo de seu corpo. Ela se balança de maneira estereotipada, começa até mesmo a bater com a cabeça nas bordas da cama. São esses comportamentos que são encontrados nos casos de carência afetiva e de hospitalismo.

O que parece importante notar é que para suprir uma ausência que cria uma angústia impensável, a criança vai desenvolver uma atividade de busca de sensações; não mais apenas de percepção como mencionamos há pouco, quando era preciso que sua mãe estivesse lá. No lugar dessa percepção da mãe, a criança vai procurar sensações físicas. Essas sensações físicas são sempre dolorosas e têm sempre um efeito automutilador em potencial, de auto-sabotagem de fato. É essa sensação, em sua dor mesmo, que vai impedir o surgimento do pensamento da dor da ausência que seria ainda mais insuportável, mas ao preço de uma devastação do trabalho psíquico de interiorização e de elaboração, o qual se vê substituído pela atividade motora. A ausência do objeto investido não é mais substituída pelo prazer do recurso a uma atividade mental ou corporal, mas pelo auto-estímulo mecânico do corpo, freqüentemente doloroso, às vezes mutilador. A violência desse auto-estímulo é proporcional ao grau de carência em recursos auto-eróticos. No primeiro caso, é o prazer do funcionamento da própria criança, ou seja, o prazer da utilização de seus próprios recursos, e em particular as de seu aparelho psíquico, que assume o lugar das pessoas ausentes necessárias à manutenção de seu sentimento de continuidade. No segundo caso, a presença real da pessoa investida é necessária. No terceiro caso, apenas o recurso ao auto-estímulo doloroso do próprio corpo permite à criança sentir-se existindo.

A solução intermediária consiste, então, no investimento substitutivo da realidade externa perceptivo-motora em caso de fracasso do funcionamento mental que deveria representar esse papel. Esta realidade externa pode ser a mãe, na sua realidade física, como no exemplo escolhido, mas pode ser também, em outras circunstâncias, um elemento do contexto do meio circundante material da criança. Pode ser igualmente, numa situação intermediária como aquela do auto-estímulo do terceiro caso, o sobre-investimento da criança em sensações experimentadas por ela mesma no momento da experiência de separação. Essa situação pode ter efeitos positivos: muitos talentos artísticos parecem, entre outros fatores, ligados a sobre-investimentos de dados sensoriais compensadores de minirrupturas relacionais. Mas os seus efeitos podem ser nocivos, podendo perturbar, em seguida, a qualidade das trocas relacionais do sujeito.

Assim, a qualidade das interações e do investimento dos quais a criança foi objeto se reflete nas modalidades do investimento de seu próprio corpo. Seu prazer em funcionar, em utilizar suas competências e seus recursos fisiológicos, e, depois, psíquicos é a tradução da qualidade dos vínculos interiorizados. O indispensável laço de continuidade com o outro é assegurado em parte por esse prazer em ser e em funcionar da criança. Não há, pois, conflito entre a necessidade do vínculo, a apetência de receber, essa dependência do objeto e a necessária autonomização. Um se alimenta do outro.

Ao contrário dessa evolução harmoniosa, tudo o que se faça sentir prematuramente na criança – o peso do objeto e sua impotência diante do mesmo, seja esquematicamente, por falta ou por excesso de presença – é capaz de lançar as bases de um antagonismo entre o sujeito e seus objetos de investimento. As bases narcísicas não se constituem mais com e pelo objeto, impregnadas pela qualidade da relação assim estabelecida, mas contra o objeto, em certas proporções muito variáveis e cujo apogeu seria o autismo primário de Kanner, independentemente da pluralidade dos fatores patogênicos em causa. Esse trabalho de exclusão do objeto, não tanto pelo fato de sua qualidade pulsional agressiva, mas antes de tudo porque ameaça a integridade do sujeito, percebe-se igualmente na qualidade do auto-erotismo que se desdobra então. Não se trata mais do auto-erotismo positivo, libidinoso, agregador, portador de experiências de prazer associadas aos objetos, que incita ao devaneio, à busca da satisfação alucinatória de prazer e a serviço da representação; mas o contrário, o auto-estímulo negativo, destrutivo, exercendo a função antiintrojetiva e contrária ao pensamento, considerando-se que a introjeção e o pensamento são ligados aos objetos e que são substituídos por uma busca de sensações e de estímulos essencialmente somáticos que tomam o lugar do objeto e permitem ao sujeito se sentir existindo, mas ao preço de uma tendência ao auto-reforço e, progressivamente, à medida que a relação se desobjetaliza.

No lugar do vínculo mais ou menos interrompido, a criança investe num elemento neutro do meio ambiente ou uma parte de seu próprio corpo. Mas a natureza desse investimento depende igualmente da qualidade do vínculo interrompido como da maneira pela qual o mesmo se restabelece ou do que dele subsiste. Quanto mais a dimensão racional se perde, mais o investimento suplementar do meio sobre o corpo se faz de um modo mecânico e destituído de afeto. A violência desse investimento e seu caráter destruidor são proporcionais à perda da qualidade relacional do vínculo e ao que se poderia chamar de sua desumanização.

Ao lado da qualidade das bases narcísicas, um outro fator intervém de maneira preponderante na capacidade de autonomia do sujeito e de contenção intrapsíquica dos conflitos: o grau de diferenciação das estruturas internas da psique. Essa diferenciação aparece como o correlato necessário da funcionalidade do aparelho psíquico. Ela não pode representar plenamente o seu papel de gestão das pressões internas e dos constrangimentos externos a não ser que ele mesmo ofereça um espaço de jogo intrapsíquico suscetível de tratar os dados representacionais (afetos e representações) por deslocamentos sucessivos que introduzam essas “pequenas diferenças” (Freud), essenciais ao funcionamento psíquico, pelos quais se efetua um trabalho de transformação que evita a descarga direta (que utiliza a via alucinatória ou perceptivo-motora) e o curto-circuito estímulo-resposta. Essas estruturas diferenciadas são aquelas referentes às duas tópicas freudianas, às quais pode-se acrescentar a existência de Imagos parentais totais e diferenciadas e tudo o que acaba de ser dito sobre a constituição das bases narcísicas. A existência de tais Imagos supõe que o Édipo exerceu o seu papel estruturante em torno do reconhecimento da dupla diferença das gerações e dos sexos, e que houve neurose infantil (e não neurose da criança), se considerarmos a distinção introduzida por S. Lebovici (1980).

Trata-se da insuficiente diferenciação da organização interna que fragiliza o sujeito e o torna mais vulnerável às variações do meio ambiente. É o que foi descrito a propósito dos funcionamentos psicóticos, mas também psicossomáticos. A realidade externa, o recurso à percepção e à motricidade serve para contra-investir uma realidade interna explosiva e desorganizadora, constituída de afetos maciços, sem nuanças e representações, e cuja evocação tem um efeito excitante tamanho, uma brutal intrusão da pulsão ou dos objetos percebidos como estranhos ao Ego e não mais continente e gerador de um jogo de símbolos. Aí a palavra é próxima da coisa. A uniformização do campo informativo sob o efeito do afeto e de representações invasivas, na ausência de um jogo psíquico suficiente para encadear deslocamentos capazes de dividir e diferenciar, conduz à descarga alucinatória ou motora e desorganiza o Ego, exatamente como a uniformização do campo perceptivo externo provoca despersonalização e alucinações ao cabo de um tempo variável segundo a organização psíquica própria ao indivíduo. A relação transferencial, por sua intensidade, é capaz de provocar tamanha desdiferenciação (*dédifférenciation*) das estruturas internas, que pode levar a uma desorganização psíquica e a uma evolução psicótica.

Todo questionamento das diferenças adquiridas parece representar uma potencialidade traumática para o Ego que pode ser visto, por oposição, como um laço funcional entre esses elementos. Toda emergência de um acréscimo de estímulo – e quanto mais fraco for seu valor informativo e, sobretudo, discriminatório – é suscetível de induzir um movimento desorganizador de desdiferenciação das estruturas funcionais. A regressão, sob todas as suas formas – tópica, temporal, genética ou formal –, é uma das modalidades essenciais do processo de desdiferenciação. A expressão mais evidente desse processo é a invasão da psique por uma fantasmatização e por mecanismos ditos "arcaicos". O arcaico pode ser visto não tanto, ou não apenas, como a emergência das modalidades psíquicas de funcionamento mais antigas no desenvolvimento genético, mas muito mais como o fato de que o desejo, seu objeto e o Ego se confundem (Green, 1982). O que é então traumático para o Ego é a perda dessas diferenças progressivamente adquiridas e que contribuíam para fundá-la como instância funcional.

Ora, a puberdade é um fator potencial de desdiferenciação em todas as fronteiras: tanto externa como interna. Ela é, com efeito, um fator de sexualização dos laços relativos aos objetos internos e daqueles relacionados com a realidade externa, mas também de todas as instâncias. Estas perdem aí a sua especificidade em proveito de um caráter excitante indiferenciado e de uma contaminação pelos objetos mais férteis: figuras paternas ou maternas, até mesmo Imagos combinadas (de pais combinados), impregnando o Superego de uma sexualização excessiva, o Ideal do Ego, mas também personagens da realidade externa que aí perdem sua função mediadora potencial. Ela é um fator de reativação dos conflitos infantis e das angústias de separação, como de castração, favorecendo a regressão, a reativação das fixações infantis tanto quanto a condensação temporal que realizam os efeitos *a posteriori* (*après-coup*). O recalque corre o risco de ser um fracasso ao passo que todos os suportes anteriores de uma possível função pára-excitante se tornam objetos de excitação, em particular os pais da realidade externa.

A puberdade está sujeita a realizar um trabalho de condensação do mundo interno por seus efeitos de excitação desdiferenciadora, e isso em todos os níveis: condensação entre o infantil e o pubertário; entre as Imagos paterna e materna que conduzem à emergência das fantasias de pais combinados e da Imago de mãe fálica; condensação entre um Superego que se alimenta das exigências do Id e um Ideal do Ego que se põe a serviço do Superego; condensação oriunda da regressão entre as problemáticas edipianas e pré-genitais; condensação entre as problemáticas narcísica e objetal.

Esse processo de condensação apaga as diferenças e os limites interestruturais e confere um caráter invasivo e repressivo às representações e aos objetos combinados, tanto internos quanto externos que dele derivam.

Existe uma relação dialética entre o equilíbrio narcísico e o investimento objetal, tanto é assim que o enfraquecimento de um contribui para conflitualizar o outro, tornando a negociação em pauta mais difícil. Na puberdade, mais do que nas outras idades, não se pode destacar o investimento objetal da moldura (*cadre*) na qual ele se inscreve. Essa moldura é fornecida por aquilo que não é mobilizado pelo investimento objetal. Ela constitui as bases do sujeito e assegura a sua estabilidade em face desse fator de desestabilização potencial que é o investimento objetal. Este último será tão mais desestabilizador quanto desestabilizador for o cenário, ou seja, o investimento narcísico do sujeito for frágil e o objeto mais atraente. Este será tão mais atrativo, quanto mais a relação for sexualizada e totalitária, ou seja, mais indiferenciada, condensando investimentos de objetos internos originalmente mais diferenciados.

A solidez das bases narcísicas é um fator de para-excitação em relação à atração objetal. Ela constitui metaforicamente um limite e um filtro do qual se percebe a falta quando a relação objetal se torna explosiva demais. Essa eclosão será puramente quantitativa. Ela extrai sua força da fraqueza do filtro narcísico, como o ilustram certas patologias (Jeammet, 1991). A esse respeito, a solidez das bases narcísicas tem uma função auxiliar do recalque, que ao mesmo tempo facilita sua manutenção e notadamente torna-lhe menos necessário o reforço a partir de contra-investimentos.

Em sua ausência o objeto adquire um poder de desequilíbrio. O prazer de desejar se transforma então no temor de dar um poder ao objeto sobre o Ego. O desejo torna-se o cavalo de Tróia do objeto no seio do Ego. A fobia do desejo, da qual uma das expressões é essa fobia de pensar descrita por E. Kestemberg (1986), e sua repressão, tão freqüentes na adolescência (a "geração *bof*", expressão utilizada na França para expressar enfado, "saco cheio"), torna-se um meio de dominar o poder de atração do objeto. A relação de prazer pode ser difícil de suportar para o adolescente, na medida em que ela é reconhecida e mais ainda quando compartilhada. O prazer rompe a barreira da vigilância do Ego e dissolve as fronteiras. Ele pede então a existência de um mundo interno bem seguro. Entendemos por isso o prazer numa relação objetal presente na fantasia. Ele se opõe nisso à busca compulsiva de um gozo que é fruto de uma tentativa de substituir a sensação pela busca de um prazer completo de ordem relacional.

Em oposição a esse prazer na relação objetal, a relação masoquista e o sofrimento mantêm as fronteiras e controlam o objeto. Basta ver o efeito apaziguador que procuram, por exemplo, os adolescentes nas queimaduras de cigarro que eles se auto-infringem em caso de crises de angústia despersonalizantes, para se convencerem disso: "Onde quer que isso machuque, sou eu", diz Fritz Zorn (citado por Pontalis). O mesmo acontece de uma forma geral em toda relação com o mau objeto, seja sob uma forma persecutória, masoquista ou depressiva. Com efeito, sublinha Pontalis (1981), o paradoxo do mau objeto "é que ele está sempre disponível, nunca está definitivamente perdido e, com isso, corre menos riscos do que o 'bom objeto', no sentido de arrastar o sujeito no movimento de sua perda. Indestrutível, o mau objeto garante ao sujeito sua própria permanência".

A adolescência põe em questão o conjunto dos pontos de apoio que asseguram os fundamentos da autonomia do sujeito: suas bases narcísicas, assim como suas estruturas internas que tiram sua eficácia de seu caráter diferenciado. Ao mesmo tempo, ela solicita particularmente a autonomização. Esta, na medida em que as condições da autonomia estão mal asseguradas, empurra o sujeito a procurar no acabamento de suas identificações o complemento da força que lhe falta. As condições são assim reunidas por um reforço dos processos de interiorização e de um despertar da "apetência objetal". Essas condições põem o adolescente em contradição com a necessidade em que ele se encontra de tomar distância de seus objetos de apego anteriores, cujos laços foram sexualizados pela puberdade. Essa situação inteiramente particular à adolescência provoca um reforço, específico em si mesmo, do antagonismo entre narcisismo e relação objetal, criando as condições de um afastamento narcísico-objetal (Jeammet, 1980).

O ponto de encontro, mas também de exacerbação, dessa dupla problemática, narcísica e objetal, que se torna conflitiva pelas exigências próprias da adolescência, dá-se de maneira privilegiada em torno da homossexualidade psíquica. Ela associa intimamente essas duas problemáticas. De seu desfecho, depende, em grande parte, a resolução ou o agravamento desse antagonismo.

A saída se encontra na retomada dos movimentos introjetivos estruturantes. A resolução negativa do Édipo traz, desse ponto de vista, uma resposta essencial. Mais do que qualquer outra, ela é, com efeito, suscetível de confortar suas bases narcísicas, suas introjeções objetais e sua identidade, graças a uma identificação bem-sucedida com o modelo parental. Mas, para que a introjeção seja suportável, ela não deve ser fonte de uma excitação desorganizadora. Os fracassos dessa introjeção se traduzem pelas relações de antipatia e de assédio de tonalidade sadomasoquista que os adolescentes mantêm com a figura parental do mesmo sexo, com seus diversos representantes possíveis, ou com os suportes sociais ou ideológicos dessas Imagos. O Superego é em parte composto de introjeções da Imago parental do mesmo sexo, e os conflitos com esta última irão ressoar nas relações do Ego do adolescente com seu Superego. A sexualização deste último propicia que se reproduza no próprio seio da personalidade esses conflitos sadomasoquistas externos anteriormente descritos. Esses conflitos podem ter um papel de ligação pulsional, mantendo um masoquismo certamente "guardião da vida", mas ao preço de entraves importantes para o desabrochar do adolescente e sendo responsável pelo desenvolvimento dessas condutas de auto-sabotagem características da adolescência. Mas são igualmente capazes de conduzir o adolescente a multiplicar os desafios e as condutas de risco, freqüentemente com uma dimensão "ordálica" (prova jurídica que se revela por inspiração divina, aceita na Idade Média), pelas quais esses adolescentes procuram exorcizar esse Superego tirânico, esforçando-se em exteriorizá-lo para desafiá-lo, como forma de lhe pagar seu tributo.

A não resolução dessa problemática pode levar à multiplicação de passagens ao ato mais ou menos violentas e perigosas. Essa "traumatofilia" (Guillaumin, 1985) pode ir até o ponto de se situar na linha desses comportamentos dos "criminosos por culpabilidade", tão pertinentemente descritos por Freud (1916).

Esse fracasso cria condições de um possível antagonismo entre os desejos objetais, percebidos como necessidades constrangedoras, e a salvaguarda da autonomia, e em última instância da identidade do adolescente. Em vez de serem o complemento natural um do outro, como no caso das introjeções bem-sucedidas, os investimentos objetais e os narcísicos aparecem então como contraditórios numa oposição que é responsável pelo "afastamento narcísico-pulsional", a pulsão sendo percebida como o representante objetal no seio do Ego.

Essa situação pode conduzir o adolescente a ser confrontado com o que acreditamos poder definir como um estado de constrangimento paradoxal, que poderia se formular assim: "Isso de que tenho necessidade, para poder ser eu mesmo e desenvolver minha autonomia (porque preciso disso), e na medida dessa necessidade, representa uma ameaça para minha autonomia".

O problema é que, por se tratar justamente de um paradoxo, ele não pode se formular assim, nem mesmo ser percebido como uma contradição. Ele só se faz sentir por seus efeitos paralisantes sobre o adolescente, notadamente sobre seu pensamento, impedindo todo trabalho de representação da situação e na mais forte razão de elaboração. A resposta só pode ser da ordem do agir, a menos que se ofereça dentro da realidade um objeto de apoio cuja qualidade de adaptação às necessidades do adolescente permita conjugar relação objetal e salvaguarda narcísica, dando-lhe tempo para empreender um trabalho de elaboração e de encontrar apoios narcísicos e relações objetais menos excitantes. Mas, mesmo nesse caso, a saída só pode vir de uma intervenção exterior. O paradoxo traduz a dependência dos objetos externos, reflexo provável dos acasos das interiorizações da infância e do transbordamento invasivo (*empiétement*) do meio ambiente sobre o espaço psíquico interno da criança. Mas esse paradoxo pode ser superado apenas com a ajuda desse mesmo meio ambiente. Na ausência deste, o surgimento dos transtornos do comportamento oferece-se como uma saída possível, por meio da qual o adolescente sai da passividade e da violência a que fora submetido.

Assim, a adolescência é um período particularmente propício a esse recurso do agir, por razões ligadas à própria natureza das transformações desta idade. Na adolescência, há uma dialética muito particular entre a espacialidade e a temporalidade. Parece-me que, do lado dos adultos, em sua "superioridade", responde-se sempre ao adolescente em termos de temporalidade: "Espere, você vai ver, é preciso deixar o tempo produzir seus efeitos para que você realize tudo o que quer dizer, para que veja as coisas de outra maneira", e o tempo é justamente a confrontação da passividade por excelência. É-nos preciso esperar, ou seja, ser passivo e deixar se desenvolver os fenômenos que o adolescente tem a sensação de não poder controlar. A essa temporalidade dos adultos, o adolescente vai ser tentado a responder pelo uso do espaço, ou seja, do agir, da distância e experimentar encontrar um controle no espaço diante da perda desse controle com relação à temporalidade. Esta o remete imediatamente à sua infância quando era preciso esperar ser adulto e, aí, num momento em que ele tem um corpo que está se tornando adulto, pode pensar que não tem mais necessidade de esperar, já que é remetido à sua passividade com relação aos adultos, à sua busca e à sua expectativa de receber dos adultos a força de que ele necessita.

Esse uso do espaço, na adolescência, pode ser visto como conseqüência de uma aproximação relacional que me parece ser uma das grandes especificidades da adolescência. Por duas razões. Na adolescência, há a possibilidade de se ter um corpo apto para fazer agir as pulsões, a genialidade e a destrutividade; e tudo isso cria uma aproximação, em particular, com os pais, em razão da sexualização dos laços afetivos. Esse sentimento de aproximação, de espessamento da atmosfera, se reflete bem na atmosfera familiar. A leveza da infância dá naturalmente lugar à tensão, notadamente na hora das refeições familiares nas quais mais ninguém ousa falar livremente por medo de provocar o incidente tão esperado que acaba sendo criado. Tudo toca o adolescente como se ele tivesse os nervos à flor da pele. Ele perde todo o jogo de cintura, toda margem de manobra possível entre ele e os outros. Essa vivência de aproximação é bem traduzida pelo sentimento que têm freqüentemente os adolescentes de que os pais, de repente, fisicamente, já ocupam muito espaço: eles são muito grandes, eles fazem barulho quando comem, eles têm um certo número de tiques insuportáveis.

Vê-se se desenvolver uma irritabilidade exacerbada no adolescente, que é atingido por todos os pequenos tiques da vida cotidiana. Trata-se de uma conseqüência dessa aproximação, que se traduz também por sua dificuldade de se deixar acariciar, até mesmo tocar; levantar-se tarde com os pais torna-se algo impossível. Há todo um temor ligado a essa sexualização.

A tendência desse efeito de aproximação é já o distanciamento, o uso do espaço indo se fechar no seu quarto batendo a porta, ou fugindo para a casa dos amigos. Num degrau acima, são as condutas de oposição. Além disso, é a fuga, a necessidade de abrir absolutamente um espaço que se torna irrespirável. Ele não se torna irrespirável necessariamente porque é ruim. Ele pode ser mau, mas, acredito, antes de tudo, que é porque o adolescente sentiu esse espaço comprimido por causa da sexualização dos laços.

O segundo fator que me parece oferecer uma aproximação importante do momento da adolescência é o corolário dessa sexualização, ou seja, a necessidade que se dá no adolescente de se autonomizar: “Você está se tornando um homem (ou uma mulher). Bom, vire-se sozinho”. Potencialmente há essa abertura própria da adolescência rumo a um espaço extrafamiliar. Mas no momento em que há essa sexualização dos laços, acontece também o contrário dessa abertura, ou seja, a dúvida que tem o adolescente sobre suas capacidades de se autonomizar. É aí onde se vai ver articular as problemáticas da primeira infância notadamente com as dificuldades de estabelecimento das bases narcísicas e os conflitos da adolescência.

O funcionamento familiar é suscetível de favorecer esse processo ou de entravá-lo. A crise da meia-idade em que vivem os pais no momento da adolescência de seus filhos entra às vezes em ressonância com a problemática do adolescente, favorece a confusão das gerações e perturba os limites no adolescente. O mesmo acontece quando o adolescente atualiza nos pais os conflitos não resolvidos destes com seus próprios pais, fazendo-os atuar seus conflitos através dos conflitos de seus filhos. Esse efeito de ressonância amplifica os conflitos e contribui para dar aos adolescentes a sensação de serem desconhecidos em sua identidade e atravessados por forças em relação às quais eles se sentem estranhos.

A realidade externa aparece como uma mediação possível capaz de reforçar ou de desorganizar as estruturas do aparelho psíquico: mediação encarregada de sustentar as funções psíquicas ameaçadas. Seu papel essencial é tornar narcisicamente toleráveis os investimentos objetais e evitar, assim, uma confrontação brutal com o paradoxo enunciado anteriormente. Ela pode fazê-lo de múltiplas maneiras. Os objetos externos, notadamente os pais, podem ser mediações dos objetos internos, corrigindo por suas atitudes concretas o que esses últimos podem ter de assustador e de repressor, contribuindo assim para nuançar e humanizar o Superego e o Ideal de Ego. Podem igualmente criar as condições de um prazer para funcionar e para mudar que autoriza o adolescente a reinvestir libidinosamente os laços objetais sem ter de tomar consciência da importância desses objetos. Encontram-se aí as condições da área transicional da primeira infância ou do que certos autores preferiram chamar de objeto transformacional (Braconnier, 1986). Mas esses mesmos objetos são igualmente capazes, graças à sua diversidade enquanto recordação perceptiva da diferença entre os sexos, de reforçar a função do terceiro, vacilante e ameaçada pela regressão, e a desdiferenciação.

Para sermos breves, poderíamos dizer que nessa idade, mais do que em qualquer outra, todo objeto investido é suscetível de se tornar fonte de excitação para o adolescente e de perder, com isso, todas as possibilidades de ser utilizado como apoio narcisista.

A resposta comportamental, sem ser certamente específica dessa idade, revela-se aqui particularmente freqüente. Sua significação psicopatológica ganha de fato um valor exemplar. Sua função lhe confere um valor de compromisso, não enquanto sintoma neurótico fruto do conflito interno entre um desejo e uma proibição ou entre desejos contraditórios, mas enquanto comportamento marcado por uma ação sobre o meio exterior, para assegurar ao mesmo tempo a realidade de um contato relacional, incerto no nível interno, e de sua manutenção fora dos limites do sujeito. A problemática central não é mais da ordem do conflito, mesmo que este permaneça sempre ativo, mas de salvaguarda da identidade. Esse novo equilíbrio é o resultado de um movimento em espelho de transformação em seu contrário e de oscilação de dentro para fora através do qual o sujeito faz com que o objeto visado experimente aquilo que ele teve a sensação de ter sofrido em sua infância e continua sofrendo por parte de seus objetos internos. A prática dessa conduta comportamental permite-lhe reencontrar um laço que tenha relação com o que ele mantinha anteriormente com seus objetos de investimento privilegiados, ou seja, um laço de dependência que vem revelar em espelho o que o ligava a seus objetos internos e aos representantes externos destes. Mas o adolescente pode comodamente ignorar assim a natureza desse laço e desenvolver, ao contrário, a fantasia de um controle desse neo-objeto por meio de seu comportamento, sendo que de fato ele se tornou objeto de dependência do tipo toxicômano. Seu valor de compromisso provém dessa conjunção entre uma função objetal trazida pelo comportamento e a garantia para o adolescente de que lhe é sempre possível manter esse neo-objeto na sua periferia, em contato, mas sem penetração. Pode-se compreender nesse contexto a importância da função perceptiva e dos dados sensoriais, pelos quais esses sujeitos se asseguram da presença concreta dos objetos, que lhes fazem falta no interior, podendo verificar completamente que o objeto em questão está ao mesmo tempo à disposição, à mão, e sempre exterior, ou seja, sem risco de confusão com o sujeito. Encontramos aí as características essenciais da relação perversa pela qual o objeto não é mais reconhecido em sua diferença e em sua complementaridade, mas é investido em seu único papel funcional e econômico. O apelo a manejos (*aménagements*) perversos, pareceu-me, com isso, adequado para designar essa patologia do agir (Jeammet, 1991).

Compreende-se igualmente que esses comportamentos tenham necessariamente uma dimensão negativista, de oposição aos supostos desejos dos objetos investidos. O importante é escapar do possível controle do objeto, não correspondendo às suas expectativas e, sobretudo, evitando tudo o que poderia ser da ordem de um prazer compartilhado. As condutas de oposição, tão freqüentes na adolescência, são uma primeira expressão disso. Opondo-se, o adolescente apóia-se no adulto ao qual ele se opõe, sem ter de tomar consciência desse apoio, reconstrói seu narcisismo, e tenta prover sua autonomia por meio da afirmação de sua diferença. Esse é o movimento suscetível de se desobjetualizar, notadamente em função da importância do antagonismo narcísico-pulsional. Este último pode ser de tal maneira que conduz o adolescente a rejeitar, ou seja, desinvestir, tudo o que carrega o traço do objeto ao nível, em todo caso, do comportamento, ou no sentido mais amplo da conduta que focaliza seu conflito. É assim que no plano das condutas de autodestruição, o masoquismo erógeno, testemunho ainda de uma conservação do vínculo objetal, dá lugar a um negativismo que domina a recusa odiosa do objeto ou a comportamentos cada vez mais violentos, mecânicos e estereotipados.

Essas condutas negativas, de oposição ao outro e mais profundamente de recusa do desejo pelo outro, são capazes de exercer um verdadeiro efeito de fascinação sobre aquele que os pratica. Fascinação que é a de todas as organizações narcísicas e que nesse caso é provida de uma força particular porque ela não desvincula necessariamente o sujeito da realidade, como o faria a onipotência psicótica, e porque ela é suscetível de se autogerar sem fim. Com efeito, não se pode viver sem aspirações e necessidades, recusando-se a satisfazê-las, mantendo uma pressão constante que é sempre possível de não satisfazer. Se todo o prazer tem um fim (objetivo), a não satisfação não tem, oferecendo assim um aparato receosamente eficaz contra as angústias de castração, como também de abandono. Assim como a negação oferece um controle maior do que este, fazendo a economia do recalque da representação, essa recusa autoriza uma percepção do objeto e mais amplamente da realidade, mas impede-lhe o acesso a uma parte da significação, a afetiva em particular. É a porta aberta para o remanejamento da relação com os objetos que permite contornar, mais ou menos eficazmente, a angústia de castração, como também da problemática depressiva correlativa do trabalho de separação. Recusando de antemão o que poderia, notadamente por esse prazer obtido, reatá-lo ao objeto, o adolescente assegura para si um controle da situação que pode lhe fazer acreditar que se tornou autônomo e independente desse vínculo, sem perceber que sua alienação no âmbito de um comportamento de recusa só pode se autoalimentar porque deixa intacta, na verdade, até fazendo crescer a necessidade que supostamente ultrapassara. É tal a inversão feita por esses adolescentes que só conseguem contrapor a seu "Eu não pedi para nascer" – reflexo de seu sentimento de impotência perante o casal parental e o desejo que este supõe – essa assertiva em espelho: "eu posso escolher morrer". É, com efeito, a única decisão que lhes permite tornarem-se seus próprios genitores e criadores de um destino que não deve nada a ninguém senão a eles mesmos.

Assim, ao contrário do processo normal de desenvolvimento através do qual a personalidade reforça sua própria identidade a partir da assimilação introjetiva de seus objetos de identificação e dos laços que os ligam, esses adolescentes criam para si uma "identidade negativa", segundo a expressão de E. Erickson, que repousa na recusa dos processos de interiorização. Identidade pode ser, mas sem identificações ou contra-identificações. Identidade de superfície que se mantém apenas com seu apoio num objeto que o adolescente recusa, ou mesmo que se sustenta na única recusa que perde pouco a pouco seus vínculos com o objeto que tinha originalmente motivado essa recusa. Atividade antiintrojetiva que se estende inevitavelmente ao funcionamento mental em si mesmo e ao campo do pensamento, mesmo que este não estivesse inicialmente concernido, limitando notadamente as capacidades associativas.

A clínica mostra que esse comportamento antiintrojetivo não se aplica apenas à retomada das identificações que acompanham a adolescência, mas também retroativamente aos vínculos objetais interiorizados em um movimento de apagamento dos traços desses vínculos que traduz o que nós temos chamado de auto-estímulo e que reflete essencialmente o esquentamento das emoções e de tudo o que um autor como E. Kestemberg reagrupava sob o nome da perda das capacidades de investimento terno. Há uma transformação do investimento terno em violência: violência da busca de sensações substitutivas do vínculo objetal; violência dos ataques ao próprio corpo... Mostrando que a violência não é apenas uma história de pulsões, mas que ela pode ser a saída quase inevitável de uma situação de constrangimento paradoxal que ameaça a identidade do sujeito e a conseqüência inelutável de um apagamento dos vínculos objetais necessários a toda atividade de ligação. A violência atuada torna-se então a única defesa possível para restaurar uma identidade ameaçada, recorrendo à realidade externa perceptiva a fim de restabelecer fronteiras e diferenças necessárias para a manutenção de uma coesão interna: diferenças entre dentro e fora; o Ego e o Outro, diferenças que duplicam os modos de funcionamento das instâncias tópicas: inconsciente, pré-consciente-consciente; Ego-Superego; Ideal de Ego. É assim até que a diferença Amor-Ódio possa ser utilizada para fins diferenciadores, necessários à coesão do sujeito e à manutenção de fronteiras mínimas.

Antes de terminar, uma palavra simplesmente para dizer que a passagem ao ato vai ter freqüentemente como conseqüência um ataque das potencialidades do adolescente. Por quê? Porque justamente, na passagem ao ato, ao mesmo tempo em que o adolescente retoma uma distância de seu objeto de investimento, ele vai ser obrigado muito freqüentemente a retomar uma distância do que, nele, o reata a esse objeto de investimento, a tudo o que, nele, testemunha esse vínculo. Em outras palavras, na passagem ao ato, os adolescentes, em geral, atacam um certo número de investimentos, de potencialidades ou mesmo seu próprio corpo na medida em que essas potencialidades, os reatam aos objetos mais importantes de sua convivência, em geral, os pais, e freqüentemente mais particularmente a mãe. Ou seja, o que vai ser objeto de um ataque é o que era carregado de uma significação completamente particular. Os adolescentes não vão atacar em si mesmos ou destruir o que é relativamente neutro ou indiferente, mas o que era objeto de um investimento, de um laço de investimento particular, notadamente com um de seus pais. O menino cujo sucesso escolar era o orgulho dos pais vai passar a apresentar fracasso escolar. A menina cujo pai elogia o corpo que se transforma, vai se enfeiar o bastante ou vai estragá-lo, etc... Tem-se, a depender do tipo de organização psíquica, toda uma gama de configurações que se oferece a nós, estendendo-se entre os que podem focalizar esse agir e essa auto-sabotagem de uma parte de suas potencialidades sobre uma potencialidade, e os que, ao contrário, vão ser obrigados a atacar o corpo em seu conjunto, como, por exemplo, na tentativa de suicídio.

No que diz respeito aos transtornos de comportamento, tem-se a mesma discriminação, ou melhor, ausência de discriminação que se encontra, no plano psíquico, ao nível das fobias: entre as fobias que são muito generalizadas e as que chegam a se focalizar num objeto fóbico muito preciso, preservando o resto dos investimentos. Da mesma forma, tem-se um adolescente que vai poder agir sua independência afetiva e controlá-la num nível, por exemplo, do alimento, na anorexia mental, e aquele através do qual isso vai se difundir um pouco por toda parte. Sabe-se que, quando um adolescente abandona essa conduta focalizada, vê-se freqüentemente aparecer uma profusão de agires diversos e de perturbações do comportamento que traduzem a eclosão dessa função focalizadora que era o distúrbio anterior. Há também o perigo, bem entendido, no caso da fobia se focalizar, do jovem se fechar no comportamento, como pode ser visto na cronificação dos comportamentos do adolescente. Tem-se a impressão de que, pouco a pouco, esse comportamento, que estava lá para controlar o vínculo de dependência do objeto investido, torna-se progressivamente o substituto do objeto, quase a razão de viver do adolescente que assim se torna presa, sob um modo cada vez mais toxicômano, daquilo que deveria, ao contrário, libertá-lo. Encontra-se aí o paradoxo.

Isso tem para nós um certo número de conseqüências quanto à abordagem desses adolescentes: em particular, para tornar tolerável o que o adolescente tem necessidade, esse vínculo do qual ele tem necessidade, é-nos preciso não pensar unicamente em uma atividade interpretativa, como também compreender a significação do comportamento para remanejar o ambiente que os circunda, nós também, os adultos.

É para dar conta desse dado que nos parece que a terapia bifocal representa por sua simples colocação uma potencialidade de prevenção e de resposta de algum modo extemporâneo dessas dificuldades inerentes ao funcionamento adolescente.

Ela consiste em que um terapeuta se ocupe da realidade externa do adolescente: de seu ou seus sintomas, sua família e de seu meio ambiente, principalmente escolar. É ele quem prescreve medicamentos se necessário, ou terapias complementares que põem a indicação da psicoterapia e pode discutir com o interessado a legitimidade ou não da continuação dessa psicoterapia. O psicoterapeuta se encarrega do mundo interno do adolescente e exclusivamente dessa dimensão. Ele está desincumbido de todo vínculo com os pais, assim como de toda preocupação direta com o sintoma ou os tratamentos complementares a serem associados ao tratamento.

Assim sendo, essa bipolaridade fundamental pode se unir a complementos individuais ou institucionais segundo as necessidades próprias de cada caso: médicos psicossomáticos, terapeuta familiar, hospitalizações ou residências estudantis... Entretanto, além dessa diversidade útil e freqüentemente indispensável, a coerência do processo terapêutico deve permanecer constante e ser garantido pelo médico referente que permanece sendo o pólo organizador do tratamento. A esse pólo deve se juntar a segunda polaridade fundamental, a do psicoterapeuta, apontando para uma evolução rumo a uma diferenciação desses dois pólos cada vez mais clara para o adolescente, com uma igual primazia progressiva da psicoterapia.

Esse dispositivo tem por objetivo prevenir um certo número de dificuldades freqüentemente encontradas no curso das psicoterapias dos adolescentes: rupturas prematuras de tratamento, multiplicação de passagens ao ato, agravamento dos sintomas ou dos distúrbios do comportamento, intervenções intempestivas dos pais, esterilização da terapia e dependência em relação ao terapeuta... Assim sendo, tais dificuldades são mais temíveis porque se trata de adolescentes narcisicamente vulneráveis e que têm disposição a reagir impulsivamente pelo modo do agir e por transtornos do comportamento. São dificuldades que pouco dizem a respeito daqueles para quem o registro neurótico é dominante e cujas capacidades de mentalização encontram-se apoiadas em fontes narcísicas internas importantes, que lhes dão as possibilidades de um gerenciamento eficaz de sua vida por meios que permanecem contidos no nível psíquico. Daí não ser difícil entender, como o sublinhamos anteriormente, que a adolescência se caracteriza justamente por essa fragilização das bases narcísicas, essa sensibilidade exacerbada às variações do meio ambiente e que a avaliação da solidez das bases narcísicas não é coisa fácil e é sujeita a variações bruscas.

Qualquer que seja ele, esse dispositivo (terapêutico bifocal) esforça-se justamente em responder a essa problemática específica da economia e da dinâmica psíquicas da adolescência tal como ela acaba de ser exposta. Oferece, com efeito, uma possibilidade de a realidade externa vir a sustentar o funcionamento psíquico falho, de um modo análogo, ou seja, aquele que descrevemos a propósito do psicodrama psicanalítico. Esse manejo do enquadre autoriza com efeito:

- Uma difração (divisão) possível dos investimentos tornando a transferência mais tolerável;

- Uma oportunidade de dissociação entre um investimento mais narcisista, o do referente (médico), suscetível de servir de garantia de apoio e um investimento mais aberto à pulsionalidade e a uma conflitualização, o do psicoterapeuta;
- Uma inscrição na realidade externa de uma diferenciação entre os dois terapeutas, capaz de sustentar uma terceira função falha no adolescente e evitar o fechamento numa relação dual totalitária e alienante;
- Uma possibilidade por essa diferença mesma que os terapeutas possam ser utilizados como suporte para a exteriorização de um funcionamento psíquico interno que não chega mais a desempenhar seu papel.

A função desse dispositivo é tornar inútil o recurso a essas modalidades defensivas consideradas como capazes de colocar em questão a psicoterapia e ter efeitos negativos sobre o adolescente.

A terapia bifocal se propõe a oferecer uma resposta a essas dificuldades específicas que seja incluída no seu próprio quadro terapêutico. O referente, que é freqüentemente aquele que recebeu inicialmente o paciente e sua família, constitui a garantia narcisista do projeto terapêutico e que vai além do próprio adolescente. Ele representa um laço de continuidade, prestando-se facilmente a uma idealização e cujo laço relativamente frouxo, em todo caso mais do que com o psicoterapeuta, permite-se manter mais facilmente. Ele se oferece enfim como uma transferência lateral possível, garantindo na realidade externa um suporte de diferenciação capaz de sustentar a diferenciação dos objetos internos. A diferença de sexo entre os dois terapeutas pode ser nesse ponto um trunfo suplementar. Assim, ele pode evitar um investimento muito maciço e excitante; oferecer um apoio narcisista complementar menos suscetível de ser comprometido e alterado em sua função de suporte pela conflitualização do laço psicoterapêutico e sua erotização. Pode ser consultado diante de uma eventualidade de ruptura e sua palavra corre menos o risco de aparecer tão constrangedora quanto a do psicoterapeuta. Ele pode mais facilmente recomendar a continuidade do tratamento sem parecer tão capcioso (*captateur*) quanto o terapeuta encarregado da própria avidez do paciente. Enfim, ele desincumbe o psicoterapeuta de toda preocupação que concerne a evolução sintomática do paciente, os laços com a família e todos os elementos da realidade externa.

Mas essa co-terapia comporta exigências. A mais fundamental é sem dúvida alguma a qualidade da relação entre os co-terapeutas. Não é necessário que eles se conheçam muito bem e pertençam à mesma equipe. É, pelo contrário, indispensável que eles compartilhem de uma mesma concepção, senão da compreensão do adolescente e de seus riscos, tais como acabam de ser expostos, ao menos da função e do interesse da terapia bifocal. É igualmente indispensável que eles tenham uma confiança recíproca e é a qualidade desta que condicionará o respeito do território e dos poderes próprios de cada um e que evitará toda forma de manipulação, consciente ou não, por parte do paciente. É em particular essencial que tudo o que acontece com o médico referente, e, certamente, o que o paciente diz dele, seja integrado enquanto material na cura. O que conta não são os fatos, mas o lugar que eles vão ocupar na economia psíquica atual do paciente.

Os riscos e os inconvenientes desse método não são negligenciáveis. Como toda abordagem nesse domínio, ela é suscetível de ser pervertida em sua finalidade e ser utilizada como função defensiva, que favoreça a divisão e prive a psicoterapia do investimento necessário. Ela pode igualmente perpetuar uma dependência impossível de ser analisada.

Assim, a passagem ao ato é a conseqüência de uma confrontação brutal demais do sujeito que atua, com sentimentos de passividade e de dependência em relação a personagens significativos de seu meio ambiente. É um sentimento profundo de submissão e de passividade que conduz à transformação em seu contrário, ou seja, à necessidade imperativa de encontrar uma forma através da qual ele pudesse passar por cima, recorrendo ao agir e à atividade e, dessa maneira, recolocando uma distância relacional com as pessoas, cara-a-cara, pelas quais o adolescente tinha sentido de repente uma aproximação muito importante, fonte desse sentimento de passividade e de submissão. É então uma maneira de recriar uma distância, de retomar um certo poder e reverter em seu contrário a situação anterior. No lugar onde o adolescente podia ter a sensação de ter se tornado objeto de uma força, talvez ligada a seus desejos, mas a desejos sentidos como se fossem estranhos a ele mesmo, objeto de uma força, da parte dos outros, de ser a marionete dos outros, ele vai reverter isso e tratar os outros como marionetes. Daí a sensação que têm os familiares de não serem considerados no nível de sua identidade. Por trás disso tudo, há sempre um sentimento profundo de ameaça à identidade da parte daquele que atua. Seria para mim o elemento fundamental. Essa ameaça à identidade, em outros termos, essa ameaça narcisista, parece-me essencialmente ligada à conscientização brutal demais de uma dependência afetiva exagerada com relação a uma pessoa. Há aí, então, um conflito entre a necessidade relacional ou a necessidade objetal (em termos mais analíticos) e a salvaguarda da identidade e da autonomia. A passagem ao ato me parece sempre ser uma tentativa de reafirmar sua identidade.

Essa perspectiva me parece ter o interesse de nos colocar num eixo essencialmente dinâmico, econômico, transestrutural e transnosográfico. Potencialmente, a passagem ao ato é algo que pode advir ao nível de que não importa qual a estrutura, deixando claro que alguns vão ser totalmente suscetíveis a esse gênero de resposta e outros muito pouco suscetíveis, porque haverá justamente uma atividade de deslocamento psíquico que constituirá o essencial das defesas do indivíduo. No último caso, ele terá provavelmente poucas razões para atuar, mas pode a qualquer hora mesmo assim ser extravasado, notadamente nos momentos de mutação como a adolescência, sem que a estrutura seja, portanto, posta em questão. O recurso à passagem ao ato testemunha uma ruptura das capacidades de organização do aparelho psíquico, e em particular, das capacidades de deslocamento. É algo que pode se dar momentaneamente, sobretudo se o meio ambiente oferece ao adolescente melhores condições para o seu desenvolvimento. No fundo, a passagem ao ato traduz uma espécie de colapso, que pode ser, certamente, estrutural em certos casos (os psicopatas), mas que pode ser passageira em outras situações; uma falha do aparelho psíquico em cumprir essa função de distanciamento graças ao deslocamento e ao apelo à realidade externa, à realidade perceptiva para contra-investir essa realidade interna que se tornou traumática e que transborda o indivíduo.

Expondo um dia esse ponto de vista a E. Kestemberg, ela me dizia que essa interpretação de passagem ao ato evocava-lhe inteiramente, sobre o plano do funcionamento mental, o pesadelo. Acredito que, de fato, o pesadelo é uma passagem ao ato do sonhador. Neste caso, o trabalho do sonho, ou seja, a atividade de deslocamento que permite à pulsão permanecer tolerável porque ela se encontra suficientemente mascarada, deformada e num dado momento transbordou; a angústia se torna dominante, o trabalho de deslocamento é ineficaz e o sonho não cumpre sua função de permitir o prolongamento do sono. O sonhador desperta e vai se servir da realidade externa, recorrer à realidade perceptiva externa para contra-investir a realidade interna e dizer "Ah, era só um sonho!". Acredito que há algo dessa ordem na passagem ao ato: no momento em que o adolescente, ou mesmo um adulto, corre o risco de submergir em sua realidade interna, ele vem brutalmente estabelecer fronteiras dentro-fora, vem restabelecer limites exercendo um controle no nível da realidade externa, recorrendo maciçamente aos sentidos. Ele nos diz; "Você é você, e eu sou eu. Nós estamos em planos bem diferentes. No fim das contas, não temos nada a ver um com o outro e eu não vou me deixar apanhar na armadilha". Estando bem entendido que a armadilha mais perigosa para o sonhador é antes de tudo seu desejo, que é sentido naquele momento como uma necessidade com relação à pessoa investida. Não há mais prazer em desejar o objeto, como algo que vem a ampliar o Ego, mas o desejo é tamanho que se torna um constrangimento, transformando-se rapidamente em um poder conferido ao objeto sobre si: "Se eu desejo isso, então, há um poder com relação a mim". Ele poderia, no limiar, nas formas mais graves, conduzir à síndrome de influência: "Isso me faz pensar nisso, naquilo, isso manda em mim..." Há toda uma gradação possível rumo à síndrome de influência e que vai fazer com que o sujeito sinta seus desejos internos como algo exterior ao Ego, como uma ameaça (que se vê freqüentemente na psicopatologia da adolescência), podendo chegar a uma tentativa de extinção dos desejos internos percebidos, como o cavalo de Tróia, eu diria, o objeto em nosso interior que nos esvazia cada vez mais.

As idéias-força em torno das quais funcionamos são a sensação de que o agir é uma linguagem que não pode ser imediatamente traduzida em palavras. Como sempre, vai ser preciso falar a linguagem que os pacientes mantêm conosco. Se eles mantêm a linguagem do ato, do agir, ser-nos-á necessário responder em parte por remanejamentos, nós também, do enquadre para tornar tolerável o que o adolescente tem necessidade, ou seja, a relação. Ele precisa dessa relação e quanto mais ele precisa dela, menos ela é suportável. É diante desse dilema que nós nos encontramos, e não basta falar disso, porque as palavras não bastam para assegurar essa atividade de deslocamento. Seria preciso chegar ao ponto em que elas bastassem, mas, atualmente, não bastam. É preciso então remanejar o enquadre. A violência que é inerente a toda passagem ao ato assim concebida, parece-me não ser unicamente uma problemática pulsional, mas ser muito mais o resultado de uma situação vivida como um paradoxo para o adolescente. Essa resposta pela violência é o resultado de uma dialética entre duas linhas de forças, que são a necessidade do objeto e a salvaguarda do narcisismo, e não saberia ser unicamente uma questão quantitativa pulsional, mesmo que seja um fator que pode, bem entendido, representar seu papel. Mas acredito que não se pode reduzir a um problema de quantidade e que isso nos dê um certo número de meios de ação.

Terminarei com esta citação de Freud (*As pulsões e suas vicissitudes*), retomada por P. Aulagnier (*A violência da interpretação*), que sublinha o papel central do antagonismo narcísico-pulsional (objetal) e me parece aplicar-se bem além dos primórdios da vida: "O Ego odeia, detesta, perseguido por seus desejos de destruição, todos os objetos que se tornam uma fonte de impressão desagradável, que constituem para ele uma renúncia à satisfação sexual ou à satisfação da necessidade de conservação. Pode-se colocar que o verdadeiro protótipo da relação de ódio não emana da vida sexual, mas das lutas do Ego para se manter e se afirmar. O amor e o ódio que nos aparecem como contrários plenamente tangíveis não constituem, contudo, uma relação simples. Eles não saíram da cisão de algo primitivamente comum, mas têm origens diferentes e têm, cada um, sofrido uma evolução particular antes de serem constituídos em contrários sob a influência da relação prazer-desprazer... Do ponto de vista da relação com o objeto, o ódio é anterior ao amor, ele emana da rejeição inicial pelo Ego narcisista do mundo exterior, fator de excitação".

## Referências bibliográficas

Braconnier, A. (1986). Refléxions sur les transformations psychiques. À propos de l'adolescence. *In*: Fedida, P. *Communication et représentation*. Paris: PUF, pp. 21-35.

Castoriadis-Aulagnier, P. *La violence de l'interprétation. Du Pictogramme à l'énoncé.* Paris: Le Fil Rouge/PUF, 1975.

Green, A. (1982). Après-coup, l'archaique. *Nouv. Rev. de Psychanalyse*, n. 26, pp. 195-215.

Guillaumin, J. (1985). Besoin de traumatisme et adolescence. *Adolescence.* Paris: T3, n. 1, pp. 127-138.

Jeammet, Ph. (1991). Dysrégulations narcissiques et objectales dans la boulimie. *In*: "La Boulimie". Monographies de la *Rev. Franç. Psychanalytique.* Paris: PUF.

_______. Les assises de la symbolisation. *Rev. Franç. Psychanalytique.* Paris: PUF, 1989, pp. 1763-1774.

_______. Actualité de l'agir, à propos de l'adolescence. *Les actes. Nouvelle Revue de Psychanalyse.* Paris: 1985, XXXI, pp. 201-222.

_______. Addiction-Dépendance-Adolescence. Réflexions sur leurs liens. Conséquences sur nos attitudes thérapeutiques. *In*: Venisse J.L., *Les Nouvelles Addictions*. Paris: Ed. Masson, 1991, pp. 10-29.

Jeammet, Ph., Kestemberg, E. Le psychodrame psychanalytique à l'adolescence. *In*: *Adolescence*. Paris: 1983, 1, 1, pp. 147-163.

Jeammet, Ph. Réalité externe et réalité interne. Importance et spécificité de leur articulation à l'adolescence. *Rev. Franç. Psychanalytique*. Paris: 1980, 3-4, pp. 481-521.

Kestemberg, E. (1986). Quelques notes sur la phobie du fonctionnement mental. *Rev. Franç. Psychanalytique*. Paris, 50, pp. 1339-1344.

Laplanche, J. (1987). *Nouveaux Fondements pour la Psychanalyse*. Paris: PUF.

Lebovici, S. (1980). L'expérience du psychanalyste chez l'enfant et chez l'adulte devant le modèle de la névrose infantile et de la névrose du transfert. *Rev. Franç. Psychanalytique*. Paris, 44, 5-6, pp. 735-852.

Pasche, F. (1975). L'anti-narcissisme. *Rev. Franç. Psychanalytique*. Paris, 39, 5-6, pp. 503-518.

Pontalis, J. B. (1981). Non, deux fois non. *Nouv. Rev. Psychanal*. Paris, n. 24.

Capítulo 2

# Exclusão e humilhação social: algumas considerações acerca do trabalho com crianças e adolescentes

*Silvia Maia Bracco*[1]

## Introdução

A psicanálise hoje se defronta com questões que transcendem o sujeito, numa perspectiva individual, e se apresentam sob a forma de intrincadas relações entre o indivíduo e o mundo. Um mundo cada vez mais complexo, segregador, que tenta homogenizar as diferenças, numa tentativa desesperada de não ter de enfrentá-las. A situação social brasileira vem sendo analisada como uma série de "problemas" que são enfrentados de maneiras isoladas e desarticuladas entre si. Dentre estes problemas, a "exclusão social" hoje é tema indispensável de reflexão à qualquer profissional que trabalhe com vítimas do desamparo social. No Brasil contemporâneo muitas instituições tentam revisar práticas convencionais e se envolvem em projetos que buscam o resgate destes cidadãos que representam uma camada significativa da população brasileira: os excluídos.

1. Mestre em Psicologia Clínica pela PUC-SP. Candidata do Instituto da Sociedade Brasileira de Psicanálise – SBPSP. Professora na Fundação Escola de Sociologia e Política de São Paulo. Diretora do Instituto Therapon Adolescência.

Safra, G. (1999) tece considerações importantes a esse respeito quando fala que o analista, na atualidade, recebe em sua prática um indivíduo diferente, que o obriga a rever sua escuta. O mundo hoje apresenta problemas que levam o ser humano a adoecer em sua possibilidade de ser: o sujeito vive fragmentado, descentrado de si mesmo, e impossibilitado de encontrar no campo sócio-cultural, os elementos e o amparo necessários para superar suas dificuldades emocionais.

Partindo desse ponto, apresento algumas reflexões sobre estas questões através do trabalho desenvolvido no POF – Posto de Orientação Familiar, vinculado à Federação Israelita do Estado de São Paulo, instituição que atende a comunidade da favela de Paraisópolis na Zona Sul da cidade. O POF atualmente se define como um "Entreposto de Cidadania" e tem como linha diretriz a melhoria da qualidade de vida, inserção social e construção da cidadania.

A experiência[2] realizada por um grupo de psicanalistas voluntárias que aceitaram o desafio de levar sua prática para dentro dos **muros** de uma grande favela da cidade de São Paulo, somada a reflexões acumuladas através da prática de vários anos em instituições e escolas com adolescentes, constituem a linha básica desse trabalho.

## Transpondo os muros

O trabalho realizado no âmbito de uma favela é cercado por circunstâncias de alto grau de complexidade. Abruptamente, os referenciais conceituais se mesclam às intrincadas relações de estruturas sociais. Entrar em um universo cercado pelos **muros** da segunda maior favela da cidade de São Paulo, conviver com um ambiente arruinado pela miséria, sua sujeira, seus odores desagradáveis, sua desordem implica em desfazer-se de determinados mitos que envol-

2. Baseado na dissertação: Bracco, S.M. *Entre os muros da favela: considerações sobre a escuta de um psicólogo clínico*. São Paulo: Dissertação (Mestrado). PUCSP, 2001.

vem um universo marcado pela precariedade, abandono e privação. Na favela as condições de moradia e a infra-estrutura de saneamento básico são extremamente precárias, um amontoado de casas de tábuas e alvenaria cortadas por rios de esgoto. Os rendimentos familiares são baixíssimos, fruto de empregos sem estabilidade, e sofrem flutuação constante. As famílias se encontram sobrecarregadas com questões como: desemprego, violência, delinqüência, uso crescente de drogas. As mulheres, na sua maioria, aparecem como as provedoras da família.

Nesse contexto, o trabalho se desenvolveu com um grupo de crianças e adolescentes ao longo de aproximadamente dois anos, tomando contato com uma situação que explicitava um nível de desorganização brutal, dos pontos de vista psíquico, social etc., sinalizando uma problemática muito complexa que dificulta as relações em vários âmbitos.

Um retrospecto é de fundamental importância para situar de onde partiram as questões que geraram este estudo. Havia muitas queixas em relação à dificuldade de trabalhar com crianças e jovens que freqüentavam o POF. Eram extremamente agitados e agressivos. Estabelecer limites era quase impossível. Foi então solicitada a nossa participação, porém nada ficou muito claro, não foram estabelecidas diretrizes, nem mesmo que tipo de atuação seria adotada. Tínhamos um projeto, pretendíamos oferecer algo, mas aquilo que encontramos nos desarmava em nossas pretensões, o grupo estava muito aquém das expectativas. Esperávamos encontrar um grupo organizado, e, com nossa experiência, achávamos que poderíamos oferecer-lhes um espaço com atividades e ali encontraríamos campo para realizar nosso trabalho. A equação parecia simples, mas não era, estava muito longe do pretendido. É importante ilustrar a situação vivida:

Trabalhávamos em uma sala pequena, pouco ventilada, o cheiro era impregnante, uma mistura de mofo com cheiro de urina que colava nas narinas, e a primeira idéia era sairmos pela porta em que havíamos entrado. Eles estavam ali muito agitados, feios, sujos, cheiravam mal, usavam trapos que cobriam o corpo, os narizes escorriam há dias e ninguém ousava limpá-los. Quando entrávamos na sala, não paravam para nos olhar, simplesmente iam se aproximando, não importava quem éramos, ali a identidade era uma quase desconhecida. Inicialmente tentamos nos apresentar, achamos que eles poderiam nos escutar, mas o esforço era em vão, continuavam a movimentar-se freneticamente, rindo alto, alguns chorando, brigando. Realmente a cena era de uma desorganização assustadora.

Saímos dos primeiros encontros muito tocadas, levamos para casa um pouco daquela vivência de desmantelamento, de falta de cuidado, caos, enfim, muita angústia. O empobrecimento que nos afligia de forma mais intensa não era sua aparência externa e sim um vazio que parecia habitar cada um de forma diferente.

Os encontros foram se sucedendo, e cada vez mais nos dominava a sensação de que nada tínhamos a fazer ali. Buscávamos, na relação, estabelecer um contato que oferecesse contornos definidos, porém para que pudéssemos desenvolver estes aspectos precisávamos de um mínimo de organização, que praticamente não existia. Estávamos diante de um grupo que funcionava anarquicamente, agredindo-se, atropelando-se e com os seus canais de comunicação, de certa forma, interrompidos.

Atividades que visassem à expressão da capacidade criativa eram muito difíceis. A angústia de alguns diante de uma folha em branco era algo paralisante. Muitas vezes conseguíamos algum tipo de organização em torno de uma atividade, mas era efêmero. Qualquer elemento que interviesse naquele momento prazeroso era suficiente para interromper a possibilidade de produzir algo. As coisas mais simples, como disputar a posse de um lápis ou solicitar nossa ajuda, se não fossem atendidas de forma imediata, provocavam uma ruptura, uma descarga de agressividade fora de medida. Eles se batiam, se agrediam, se xingavam, paradoxalmente brigavam como gente grande, se machucavam e depois choravam como crianças. Havia um abismo entre a ação e a reação. Pareciam marcados pela experiência da privação a que eram submetidos, e isso refletia em toda a forma de ser. Aparentavam sofrer de uma espécie de inanição, desnutridos, parecia lhes faltar um repertório, buscavam algo que pudesse dar sentido às suas experiências internas, mas se deparavam com um vazio, que irrompia nas mais dramáticas expressões de sofrimento.

A aproximação com essa problemática gera um tipo de questionamento diante da própria formação do profissional que pretende trabalhar com as classes desfavorecidas, seja ele um psicanalista, um educador etc., tendo de considerar e contornar situações como a privação a que crianças são submetidas desde muito cedo. A fome, a falta de cuidados básicos, um abandono que não está circunscrito apenas à casa, à família, mas que fala de um descaso das autoridades públicas que não oferecem a essa camada da população condições mínimas para participarem da categoria de cidadãos. A partir deste panorama fica explícito que o trabalho com esses indivíduos implica uma ampliação da escuta que vai para além daquilo que observamos. É necessário ter uma escuta que considere questões como humilhação social, privação e exclusão. Estas questões me levaram a pensar como o processo de subjetivação se desenvolve, a fim de que se possa operar de uma forma compatível com o sofrimento a que estes indivíduos estão expostos.

A privação marca de forma dura a experiência de cada indivíduo que pertence à categoria dos excluídos. Entender esse grupo, suas regras, se aproximar de certos funcionamentos é de fundamental importância para qualquer profissional que se propõe a trabalhar com o cidadão pobre. Não estou me referindo especificamente a um trabalho clínico, mas algo que envolva qualquer profissional que se depara com uma realidade como esta.

Para pensar estas questões e fundamentar este trabalho, uso as contribuições teóricas de Donald W. Winnicott, Safra, Gonçalves Filho, Arendt e Viñar.

A discussão do material observado não visou à compreensão da problemática individual de cada sujeito e sim a pensar que fatores inconscientes organizam a maneira peculiar de se manifestarem. Encontrar um sentido latente para o que se observava no manifesto. Em outras palavras, o que este modo atomizado de ser diz sobre as condições da constituição de sua subjetividade, e alcançando essa compreensão, ajudá-los a encontrar outros canais através dos quais possam se expressar.

São indivíduos expostos às mais dolorosas situações que envolvem privação – convivem com o lixo da favela –, às diversas formas de desorganização familiar, pouco acolhimento às suas necessidades básicas, muitas vezes, não têm acesso à própria história – pertencem à categoria dos excluídos, sem direitos e sem projetos.

Quando uma criança se depara com situações externas que se misturam com as fantasias mais terroríficas presentes em suas mentes, precisa-se levar em conta de que lugar partiram, e o que tiveram de enfrentar desde muito cedo em sua precária existência como indivíduos. Winnicott ensina que se o bebê cria o mundo a partir dele próprio e necessita de alguém, normalmente sua mãe, para dar sentido às suas experiências, essas experiências estão inseridas em um mundo que já está lá, num campo cultural, na mãe, no pai, nos seus antepassados, num mito familiar. Safra (1999) diz que é o reconhecimento de um outro que possibilita a existência enquanto ser. O *self* acontece no encontro humano e ganha morada no tempo, no espaço, no gesto e no campo sócio-cultural. Ocupar um lugar no mundo é ocupar um lugar na vida de um outro. Somente a partir desta experiência é que o olhar poderá se voltar para o mundo com curiosidade e desejo. De posse de um corpo que foi significado pela presença de um outro, a criança dispõe de vida imaginativa, que lhe possibilita ocupar o vazio da ausência do outro com a sua capacidade de sonhar.

## Decifrando sinais

Relatar a experiência realizada no POF é apresentar um rol de dificuldades. Ao longo de dois anos trabalhamos com grupos de crianças e adolescentes.

Desde o início do primeiro ano ficou claro que a tarefa proposta era complexa. O primeiro desafio era estabelecer algum tipo de comunicação ordenada. As atividades tinham de ser as mais dirigidas possíveis, pois qualquer expressão abstrata que envolvesse mostrar algo de si, atividades criativas, livres, provocava uma angústia violenta nos integrantes do grupo, e geralmente terminava em agitação e agressão. Não tinham noção do que é trabalhar em grupo, respeitar diferenças, esperar por sua vez de falar ou usar o material, ou mesmo esperar por nossa atenção. A impressão que transmitiam era de que tudo o que produziam era sem valor, sem interesse. Também demonstravam isso de forma clara com relação a nós. Tudo o que oferecíamos caía num vazio de sentido. Essa era uma sensação que nos acompanhava permanentemente, a experiência da impotência, do fracasso, da frustração. Em muitas ocasiões éramos tomadas por um sentimento de desesperança, que nos fazia questionar o valor do trabalho, se de fato ele tinha alguma utilidade para esse grupo. Desestimuladas, os encontros eram desgastantes, tendo de administrar as brigas, tentando nos fazer ouvir.

Os encontros se sucederam e fomos ganhando alguma intimidade com o grupo. Eles já esperavam as tardes de quinta-feira, sabendo que estariam com as "tias de fora". Algo interessante a ser pontuado é que levou muito tempo para registrarem nossos nomes, sempre se confundiam. Percebia-se que a identidade aparentemente não era algo que importava. Não se olhavam, não nos olhavam, parecia um terreno marcado pela impessoalidade.

Demonstravam quase sempre um sentimento de desmerecimento, de pobreza e era muito comum destruírem seus trabalhos ou o dos colegas quando se deparavam com suas impossibilidades. Aliás, esta palavra parecia definir esse grupo, impossibilidade, desvalia. Alguns se sobressaíam e conseguiam obter satisfação com seu trabalho, mas geralmente eram vítimas dos frustrados, que avançavam e destruíam aquilo que dava certo. Enfrentar a fúria do grupo não era possível, ninguém podia se diferenciar e qualquer tentativa nessa direção logo era abortada. Inclusive nós éramos vítimas constantes desta regra implícita do funcionamento grupal. Nos impressionava como era potente a força desorganizadora do ambiente, e como era difícil se contrapor a ela. A agressão parecia algo banalizado, padrão de comunicação como qualquer outro.

As falas eram geralmente de cunho agressivo ou conotação sexual, envolvendo um dos membros do grupo, visando sempre ridicularizar o outro. O tema sexo direcionava o conteúdo de suas exposições, porém quando eram questionados sobre o sentido daquelas falas, normalmente não conseguiam expressar-se com clareza, e quando nos propúnhamos a falar sobre suas curiosidades a respeito da sexualidade eles se agitavam, se agrediam e nos agrediam verbalmente, o que demonstrava que o problema era anterior àquele que abordávamos. Precisavam aprender a ouvir, reconhecer seu espaço e o do outro, olhar e ser olhado. Apresentavam lacunas na capacidade simbólica, expressão criativa e dificuldade de lidar com determinados afetos.

E., 14 anos, apresentava normalmente um funcionamento nessa direção. Era muito comum ela chegar bem, começar a trabalhar, e de repente se deparar com alguma limitação; nesses momentos dificilmente havia possibilidade de intermediação, a reação era de explosão, partia sempre para cima do mais fraco, ou daquele que havia executado um trabalho melhor que o dela. Nós, por outro lado, tentávamos nomear aquilo que ela parecia sentir, mas era em vão. Em um de nossos encontros, ela se apresentava numa agitação excessiva, agredia verbal e fisicamente os outros integrantes do grupo, distribuía tapas na cabeça, insultos; como não apresentava condições para estar no grupo, foi solicitada sua retirada. Ela imediatamente saiu em direção ao pátio e com uma pedra riscou a lateral inteira do carro de uma das psicólogas. Esse episódio dá a dimensão da impossibilidade de E. conter seus sentimentos hostis, na hora da raiva qualquer atitude era válida e acabava por provocar nas terapeutas sentimentos que eram mistos de raiva, temor e ao mesmo tempo impotência.

J., 10 anos, também expõe de forma contundente sua situação. No dia anterior, um dos integrantes do grupo tinha vivido uma experiência que foi entendida pelo grupo como privilegiada. A agitação começou a tomar conta do ambiente. J. estava visivelmente alterado, tentou atrapalhar o trabalho dos colegas, enfiava-se embaixo da mesa e tentava derrubá-la, jogava os lápis contra os outros. Conversamos sobre como era difícil suportar que alguém tivesse tido uma coisa muito boa, que os outros não puderam ter, e não dava para conversar, falar da raiva que isso provocava, tinha de bater, xingar, mostrar para todos como ele se sentia. J. ficou mais alterado ainda depois de nossa fala e começou a derrubar, um a um, todos os livros de uma estante na sala. Pedimos várias vezes para que parasse, porém cada vez mais ele ia se agitando e ficando mais agressivo. Já estávamos no final do horário e a agitação tomou conta do grupo. J. repetia sem parar: "eu não tenho jeito, eu não presto, eu só sirvo pra ser vagabundo". Naquele momento era difícil qualquer intervenção que pudesse conter aquele sentimento. O grupo se encerrou, eles saíram da sala correndo e nós ficamos arrumando aqueles livros na estante, pensando sobre o ocorrido, angustiadas com essa situação de emoções descontroladas, caóticas e extremamente agressivas com as quais tínhamos de nos deparar. A privação a que eles estavam expostos, as experiências dolorosas precoces, a falta de alguém que os ajudasse a processar as angústias, enfim, o que dizer a uma criança que há dias não recebia qualquer cuidado de higiene pessoal, que exalava um odor que impregnava toda a sala, o que refletia o tipo de realidade em que vivia? O que fazer quando a realidade parece mais aterrorizante que as próprias fantasias?

Encontrar uma forma de sintonizar canais de comunicação foram tarefas exaustivamente perseguidas.

## Miséria e exclusão: desafio teórico-clínico

Winnicott abre um caminho importante ao falar, de forma incisiva, sobre o papel estruturante do ambiente na formação do psiquismo, incluindo aí as necessidades fundamentais para a sobrevivência e o acontecer humano. Em contrapartida fala da privação de cuidados que impossibilitam a emergência do ser, podendo-se inferir que um ambiente repleto de adversidades vai marcar a forma como o indivíduo apreende o mundo e se relaciona com ele, no mínimo partindo de um lugar diferente.

O que é usualmente interpretado pela psicanálise como um complexo jogo de projeções e introjeções, vai a partir da leitura de Winnicott (1950) ganhando um novo sentido, ele anuncia uma outra perspectiva de interpretação para as manifestações de agressividade na criança. Diz que um desenvolvimento saudável se dá no sentido de integrar as experiências internas e externas, mantendo pontes entre elas, usando recursos como os sonhos, o brincar etc. Observávamos no grupo sentimentos em estado bruto que pareciam não alcançar transformações simbólicas, indicando uma lacuna entre as satisfações instintuais e uma integração das experiências do eu. Winnicott (1950) afirma que é no manejo da agressão que se deriva, em certa medida, a capacidade criativa e construtiva do sujeito. Essas considerações se prestaram a encontrar um outro significado para as situações vividas no grupo.

Como conceber uma expressão criativa que reside na agressividade? É nessa direção que se consegue encontrar outros sentidos nas manifestações de tantas crianças e adolescentes com os quais tomei contato durante o trabalho. Não apenas nomeando estas manifestações como sintomas da privação a que são submetidos e associando a aspectos destrutivos da personalidade, mas contrapor a esta idéia uma busca de sentido, de significação que resistia na forma desorganizada de se apresentarem. Comportamentos que explicitavam algo mais, sujeitos que provavelmente não se renderam à precariedade da situação à qual estavam expostos, ansiando um outro lugar, no qual pudessem ser escutados, reconhecidos, singularizados. A agressividade como uma expressão possível, busca de sentido, de comunicação humana, encontrando desta forma uma possibilidade de estar no mundo.

Embora tenha encontrado uma diretriz em Winnicott, necessitava considerar outro tipo de questionamento que se centrava na desorganização do tecido social, pois as falas dos cidadãos oprimidos nos colocam diante de situações que por vezes ofuscam nosso entendimento.

A partir deste panorama, é imperativo questionarmos qual trabalho podemos oferecer a crianças e jovens em situações limite, tais como pobreza, falta de cuidado, famílias desestruturadas, fome, sujeira etc. Os diversos campos do conhecimento na área da saúde e educação teriam desenvolvido alguma técnica especial para trabalhar com esta população? A resposta que vem à mente é a escuta. Descolar-se da imagem apresentada de pobreza e oferecer um olhar que encontre outros significados, poder desnudar aquilo que se encontra abafado.

As pessoas com as quais esse trabalho foi realizado são indivíduos que vivem situações que os remetem permanentemente a um sentimento de impotência. Esse sentimento parece criar uma barreira intransponível, vetando-lhes o acesso à condição de cidadãos. De certa forma é uma ilusão acreditar que o sujeito pode alcançar estabilidade se não for amparado pelo ambiente e pelo campo cultural. Safra (1999) enfatiza que o psiquismo se apóia em diversos níveis que dão sustentação ao homem. Famílias que vivem excluídas socialmente estão muitas vezes deslocadas do próprio sentido de dignidade humana, isso afeta diretamente na formação do *self*. Crianças que precocemente lidam com a questão da desigualdade social trazem marcas profundas na forma como se apresentam no mundo.

Essas idéias abrem novas perspectivas rumo a um entendimento. Na favela os indivíduos explicitam esse bloqueio a que são submetidos, ocupando um lugar segregado que lhes é destinado. Em trabalho desenvolvido a partir das primeiras experiências realizadas na favela – *Mulheres da favela. Espaço físico/psíquico e suas fronteiras* (Oliveira *et al*, 1995) – dizemos que:

> Consideremos a imagem de uma grande muralha que cerca a favela, que delimita e aprisiona seus moradores. Fisicamente, impedindo-os de se movimentarem a outros lugares, a se alienarem e não conseguirem se exercitar enquanto cidadãos. Psiquicamente, porque

> passam a viver e se alimentar dos mesmos conflitos. Aparentemente não se dão conta do direito de ir e vir, do acesso ao espaço e aos serviços públicos, de sua participação social. Como se estivessem destinados à exclusão e não lhes fosse permitido o acesso à cidade. Este marasmo, esta pasmaceira, impede a reivindicação de um outro "lugar" de melhoria das condições de vida, educação, saúde, enfim de seus direitos (p. 161).

A muralha trabalha nos dois sentidos: intramuros e extra-muros, pois, para nós, transpor estas muralhas também não é tarefa fácil, precisamos estar dispostos a tomar contato com uma realidade que incomoda e nos coloca diante de uma limitação: nossa formação não alcança determinadas questões que são essenciais para trabalhar com esta camada da população. A forma como a psicanálise oferece compreensão ao humano parte de uma problemática subjetiva, e diante destas circunstâncias temos de ir além dos conflitos familiares, afetivos e sexuais relacionados à infância e aos aspectos inconscientes do sujeito, oferecendo um tipo de escuta especial. Uma escuta informada e fundamentada em questões como humilhação, exclusão e privação que tem como objetivo romper um discurso que se instaurou e contribuiu significativamente no processo de subjetivação destas pessoas.

A humilhação pode ser entendida como uma modalidade de angústia relacionada ao impacto traumático da desigualdade de classes. Gonçalves Filho (1995) a esse respeito diz:

> A humilhação é uma modalidade de angústia que se dispara a partir do enigma da desigualdade de classes. Angústia que os pobres conhecem bem e que, entre eles, inscreve-se no núcleo de sua submissão. Os pobres sofrem freqüentemente o impacto dos maus-tratos. Psicologicamente, sofrem continuamente o impacto de uma mensagem estranha, misteriosa: "vocês são inferiores". E, o que é profundamente grave: a mensagem passa a ser esperada, mesmo nas circunstâncias em que, para nós outros, observadores externos, não pareceria razoável

> esperá-las. Para os pobres, a humilhação ou é uma realidade em ato ou é freqüentemente sentida como uma realidade iminente, sempre a espreitar-lhes, onde quer que estejam, com quem quer que estejam. O sentimento de não possuírem direitos, de parecerem desprezíveis e repugnantes, torna-se-lhes compulsivo: movem-se e falam, quando falam, como seres que ninguém vê (p. 167).

Essa mensagem estranha e misteriosa parece pertencer a um discurso instituído que está implícito nos olhares, no isolamento da favela, nas falas de seus moradores. Mensagens enigmáticas que não podem encontrar expressão simbólica, mas pairam como fantasmas que assombram os indivíduos e os paralisa diante da própria condição de miseráveis. Ser favelado carrega essa mensagem enigmática que determina quem são os pobres. Faz parte de uma rede simbólica que explicita os lugares possíveis a serem ocupados por esses cidadãos que não possuem direitos, são de outra espécie e que tememos a aproximação. O sujeito desde muito cedo em sua vida carrega uma identidade carimbada. Não é visto como alguém que tem nome, endereço ou profissão, ele é pobre, favelado, negro, bandido.

Viñar (1997a), psicanalista uruguaio que trabalha com menores de rua em seu país, trata das questões do abandono e da exclusão social na formação do sujeito psíquico. Diz ele:

> O nascimento do sujeito psíquico requer um marco jurídico e moral e muitas vezes vemos como neuroses traumáticas o que na verdade é desorganização do campo social. Querer resolver intrapsiquicamente o que pertence ao conjunto transubjetivo é um erro grave[3] (p. 1).

Para ele, apenas podendo transitar por uma inscrição na genealogia e com ela numa linhagem cultural e lingüística, se alcançam as condições mínimas para a constituição de um sujeito humano, sujeito psicológico, mas também um sujeito jurídico e moral. E continua:

---

3. Tradução livre do autor.

> Trabalhando a exclusão humana, e o direito de ter direitos como constitutivo do sujeito e da sociedade, trabalhando **com** o excluído e não **para** ele, abrimos dimensões insuspeitadas de nossos campos de estudo, que colocamos como uma razão primordial do nosso estar no mundo (p .1).

O indivíduo não consegue alcançar existência se não ocupar um lugar, fizer parte de uma história, de uma casa, uma família, uma cidade, uma cultura. A condição humana – nos ensina Arendt – só se define e é relevante se pertencemos a um mundo compartilhado por outros homens. Ela mostra como o totalitarismo e outras formas de exclusão da espécie humana destroem não só a esfera pública (jurídico-política) mas também o psiquismo na sua capacidade de pensamento e simbolização. Para Arendt (1958), a humilhação pode se definir a partir da idéia de exclusão, entendida como exclusão de um campo inter-humano. Nenhuma vida humana é possível sem um mundo que, direta ou indiretamente, testemunhe a presença de outros seres humanos.

O que observamos na favela é que este sentimento de pertencer ao mundo parece abalado em sua constituição; eles se referem a si mesmos como fazendo parte de uma outra categoria de pessoas. O anseio de encontrar um lugar em um mundo compartilhado com o outro parece fraturado, prejudicando a constituição da própria identidade. Sentem-se de fato cidadãos de segunda classe, não lhes restando outra possibilidade. Gonçalves Filho (1995), comentando Simone Weil, diz que:

> O empobrecimento, a violência econômica, traduz sempre a violência política. Simone Weil é fervorosa nesta direção: de todos os sofrimentos proletários, não há outro mais radical do que a humilhação, a matriz de todos, a perda social do direito à cidade, a impossibilidade de ser reconhecido como um igual (p. 46).

Essa é uma questão decisiva quando pretendemos trabalhar com essa população, pois sem tomarmos contato com esses aspectos teremos muito pouca chance de não reeditarmos no trabalho as questões da humilhação e exclusão a que estes sujeitos estão expostos. Estes aspectos têm de marcar de forma clara a escuta oferecida, para podermos encontrar outros significados. O olhar da psicanálise hoje não pode restringir-se ao mundo intrapsíquico, tem de poder olhar para fora, considerar quais elementos doentes da cultura que o indivíduo toma como seu. Safra (1999) coloca que:

> Tendo a clareza de que o *self* acontece em um meio ambiente, é evidente que as fragmentações culturais favorecem o aparecimento de fendas na constituição do si-mesmo (p. 150).

Há um verdadeiro condicionamento – que se perpetua – e reflete no ambiente em que crescem e vivem as crianças e jovens da favela. São alimentados com ingredientes indigestos que carregam humilhação, exclusão e privação. Não são questões de fácil articulação e normalmente se expressam através de uma desorganização profunda na forma de apresentar-se ao outro, que possivelmente remetem a mensagens enigmáticas que não encontram expressão simbólica. Neste sentido é importante ter clareza do que está em jogo quando falamos de humilhação. O humilhado é bloqueado por muitos lados, mas principalmente por dentro, como um afeto pungente e desorganizador gerando uma angústia que não pode ser nomeada.

No grupo isso se manifestava em explosões de agressividade, sem a intermediação da palavra. Talvez porque o que falta é justamente a palavra, que organiza, articula, oferece algum conforto. Com sua larga experiência clínica, François Dolto, prefaciando um livro de Mannoni (1980), nos ensina que nada pode ser mais nocivo para um sujeito do que aquilo que não pode ser dito e que acaba por encontrar expressão nos sintomas.

É de fundamental importância no trabalho que as manifestações dessa natureza não sejam abafadas com o intuito de apenas encontrar ordem. Essa não é uma tarefa simples, suportar e servir de alvo para estas manifestações implica uma disponibilidade grande do profissional que está na linha de frente, seja ele psicanalista, educador etc.

É primordial na constituição da subjetividade conhecer a própria origem. A identidade carrega definições de quem somos, filiação, natural de algum lugar, de uma determinada raça. São muitos os sentidos implícitos no nome próprio. Quando alguém se identifica a partir de uma condição e não de seu próprio nome, por exemplo, ser favelado, essa definição, tão fundante para a singularização do sujeito, fica perdida. Como nos apontou Viñar (1997b), são crianças que parecem não ter acesso a uma pergunta básica em termos da constituição da própria subjetividade. Aquela que remete à própria origem:

> A pergunta sobre quem sou eu e quem somos é uma pergunta universal, não somente um problema das crianças marginais. Não se chega nunca a uma resposta, mas desencadeia uma peripécia, que é intrínseca e essencial à condição humana, é uma questão que abre interrogações sobre o destino, o sagrado, os ideais, os ódios. O grave é a pergunta não ser formulada, ser silenciada e apagada (p. 127).

O autor conjectura que a anulação dessa pergunta – que é uma questão de abertura para o subjetivo – impõe ao sujeito possibilidades maiores de passar ao ato ou a uma conduta anti-social. Qualquer trabalho com essa população deve sempre apontar para que a pergunta surja, saia do esquecimento e encontre expressão. Viñar (1998) destaca a esse respeito que:

> O ato anti-social é uma estratégia inteligente de sobrevivência frente a uma infância miserável, onde o outro social, imprescindível para a constituição da vida psíquica foi faltante ou, melhor dizendo, sua presença foi diabólica e perversa (p. 214)[4].

Essa é possivelmente uma das idéias mais importantes a serem destacadas, pois são crianças e jovens que não apenas denotam a

4. Traduzido pelo autor.

falta de um olhar que reconhece e significa. Portam uma identidade apagada pelo rótulo que carregam. As lacunas deixadas ao longo do desenvolvimento não são apenas buracos, são preenchidas com mensagens avassaladoras, que impregnam o sujeito, e marcam de forma nociva a constituição da própria subjetividade. São reconhecidas, sim, como pertencentes a uma categoria inferior, indivíduos que não podem ser vistos na sua humanidade e sim despersonalizados sob o rótulo de favelados.

É preciso discutir sobre os comportamentos de crianças e adolescentes pertencentes à classe social desfavorecida que se defrontam com um universo que dificulta a construção de ideais de futuro, e com poucas chances de transformar a realidade em que vivem. O mais freqüente são reações de alienação, impotência ou em contrapartida maiores possibilidades de passagem ao ato, através de comportamentos violentos, como aponta Viñar.

É fundamental compreender os sentidos que determinam essas ações. Expressam um movimento que se estabelece contra tudo e todos e se relaciona diretamente com o sentimento de dominação social, o qual aponta para a ausência de um ambiente capaz de significar essa experiência vivida pelo jovem carente. Oprimidos não conseguem identificar quem é o opressor. Tudo é combatido de maneira absoluta. Uma raiva latente que pode explodir como violência. É como se dissessem: "a sociedade não nos quer, também não queremos a sociedade".

No trabalho com os adolescentes, vítimas do desamparo social, esses movimentos podem ser observados, seja diante de um grupo como os realizados no POF, seja em salas de aula. É na posição de representante da "sociedade", ou representante da "ordem e da dominação", que o psicanalista ou o educador pode encontrar um lugar no grupo, transformado-se, transferencialmente, em adversário concreto e visível. Os jovens, além de se recusarem a escutar o que temos a dizer, nos tomam como alvo de ataque. Observamos, pelo discurso dos adolescentes, que alguns interlocutores podem facilitar a eclosão da raiva. Por exemplo, professores que, por características pessoais, simbolizam a dominação e a violência. Qualquer situação em que tenham de submeter-se à lei, à ordem, pode ser vivida, por esses adolescentes, como dominação. Quando interpretam sua situação desta maneira, a insubmissão dos adolescentes se torna legítima a seus próprios olhos. O que está em jogo não é só um sentimento de estar "de fora", mas de estar "por baixo", esmagados e dominados por um inimigo impalpável, que pode se materializar em algum representante da sociedade que os rejeita veementemente,[5] apontando para o sentimento de humilhação a que são expostos.

Isso pode ser observado em várias ocasiões em que estive trabalhando com jovens pertencentes à camada dos desfavorecidos. Seja em manifestações de agressividade, em uma espécie de abolição da lei, ou em falas esvaziadas de esperança. Em uma conversa com adolescentes da rede estadual de ensino, tentávamos explorar questões a respeito de futuro, planos, expectativas. As falas eram carregadas de ironia, indicando uma alienação. Ilustra essa situação a frase de um jovem ao declarar: "Eu não preciso saber matemática para entregar *pizza*!".

Em outro atendimento, que realizávamos nos chamados "grupos de sala de espera" de uma instituição para adolescentes, era comum depararmos com jovens que terminavam o ensino médio e passavam o dia perambulado pelas ruas, cuidando de irmãos mais novos, praticando pequenos delitos, se drogando, absolutamente desocupados, pois não encontravam colocação no mercado de trabalho. Viviam uma espécie de abandono: ao término da escola, não eram mais nada. Deixavam de ser estudantes e ficavam soltos, sem lugar, sem direção. Uma geração de jovens que olha para um mundo que oferece pouquíssimas perspectivas. A idéia de futuro parece esvaziada de significado simbólico, são indivíduos que carregam a desesperança em primeiro plano.

---

5. Essas idéias foram expressas no artigo: Bracco, S. *et al.* *O Olhar Psicanalítico na Escola*. Apresentado no XXIII Congresso Latino-Americano de Psicanálise – FEPAL (2000).

## Conclusão

Na atual organização do mundo político-social, a expressiva camada populacional rotulada como "excluídos" obriga a rever e repensar inúmeras questões na busca do resgate desses indivíduos. O profissional que atua nesta área atravessa hoje um momento novo, sendo desafiado a rever e ampliar a prática convencional para que muitas intervenções e trabalhos dessa ordem, seja no campo da saúde ou no da educação, não se esvaziem de sentido e encontrem adesão dos jovens.

A ampliação da nossa escuta esbarra em significados enigmáticos que carregam desvalia narcísica e marcam a constituição da subjetividade. Interpretar sinais que mascaram essa condição é necessário para que não sejam apenas vistos como manifestações de aspectos subjetivos do indivíduo. A escuta das vozes dos excluídos, o olhar sobre seus comportamentos confusos, e aparentemente desarticulados, necessitam alcançar um novo significado. Para estes indivíduos, recontar sua história, não se render ao pré-conceito que sua condição carrega, é, muitas vezes, livrar-se desse recheio indigesto, podendo posicionar-se em um outro lugar. O sujeito tenta alcançar alguma visibilidade a partir do olhar de um outro que identifica o que vem embutido nas expressões de dor, na violência com que se manifestam. É importante ressaltar que estes sujeitos são guiados por seu mundo mental e que seus aspectos inconscientes são tão relevantes quanto a realidade sócio-econômica-cultural em que vivem. Contudo, é fundamental reconhecermos onde estes sujeitos se constituíram, onde suas tramas familiares germinaram, como foram afetados por questões associadas à exclusão social, privação e humilhação. A escuta tem de justapor estes elementos se pretendemos trabalhar *com* estas pessoas e não *para* elas, parafraseando Viñar. É fundamental, em trabalhos dessa natureza, tomar contato com o que define a condição humana, nomear estes sentimentos desordenados, não os reduzindo apenas à expressão da vida pulsional de crianças e adolescentes. Identificar no sofrimento outras facetas e significados, buscar a comunicação humana que possa pôr em marcha a criatividade do sujeito, condição essencial para qualquer gesto transformador.

## Referências bibliográficas

Arendt, H. (1958). *A Condição Humana.* Rio de Janeiro: Forense Universitária, 2000.

Bracco, S.M. *Entre os muros da Favela: considerações sobre a escuta de um psicólogo clínico.* Dissertação (Mestrado). São Paulo: PUCSP, 2001.

Bracco, S.M. *et al. O Olhar Psicanalítico na Escola.* Apresentado no XXIII Congresso Latino-Americano de Psicanálise – FEPAL – Gramado, 2000.

Bracco/Oliveira, S. *et al.* Mulheres na favela. Espaço físico/psíquico e suas fronteiras. *In: II Encontro Luso-Brasileiro de Saúde Mental, Anais.* Guarujá, São Paulo: 1995.

Gonçalves Filho, J.M. *Passagem para a Vila Joaniza – uma Introdução ao Problema da Humilhação Social.* Dissertação (Mestrado). São Paulo: Instituto de Psicologia, Universidade de São Paulo: 1995.

Mannoni, M. *A Primeira Entrevista em Psicanálise.* Rio de Janeiro: Campus, 1980.

Safra, G. *A Face Estética do Self: Teoria e Clínica.* São Paulo: Unimarco, 1999.

Viñar, M. (1997a). Niñez y adolescencia hoy-amor y violencia en la constitución subjetiva. *In: IX Congreso Metropolitano de Psicología.* Buenos Aires.

______. (1997b). Infância marginal na instituição: que saber para que prática. *Jornal de Psicanálise.* São Paulo: 30:125-134.

______. Desamparo, minoridad delincuente y psicoanálisis. *Revista Latino-Americana de Psicoanálisis,* 2:209-224, 1988.

Winnicott, D.W. (1950). Agressão e sua relação com o desenvolvimento emocional. *In: Textos Selecionados. Da Pediatria à Psicanálise.* Rio de Janeiro: Francisco Alves, 1993.

______. (1998). *Natureza Humana.* Rio de Janeiro: Imago, 1990.

Capítulo 3

# Encontros com professores e alunos de uma escola estadual do ensino médio – uma escuta em que a dimensão objetiva se vê alinhavada pela subjetividade dos atores

*Mônica Amaral**

## Introdução

O artigo pretende problematizar a relação professor/aluno – com ênfase na questão da autoridade do professor em declínio e na violência da – e na escola – a partir de uma experiência de pesquisa em uma escola pública do ensino médio em São Paulo, realizada com alunos e professores. Procurou-se tomar em consideração particularmente uma rebelião estudantil contra o modo de funcionamento da escola, considerado pela pesquisadora como um momento privilegiado de ruptura de campo do cotidiano escolar, a partir do qual propõe uma série de considerações de natureza filosófica e psicanalítica. Uma discussão que pretende contribuir para se pensar sobre a de-

* Docente da Faculdade de Educação e do Programa de Pós-graduação de Educação da USP, Membro Associado da SBPSP, DEA de Psychanalyse na Univesité Paris VII e Pós-Doutorado junto ao Serviço de Psiquiatria do Adolescente e do Jovem Adulto, Institut Montsouris, Hospital Internacional da Universidade de Paris.

manda latente de uma escola mais viva que venha a retirar alunos e professores do estado de inapetência intelectual e emocional, de desencanto e ausência de projetos, geradores de um verdadeiro mal-estar em mais de uma escola pública em nosso país.

Para se compreender esse mal-estar nas escolas, não se pode negar que o campo intrincado de constituição do desejo humano faz parte dos processos socializadores a que estão sujeitos professores e alunos, daí a importância de se considerar a participação dos afetos no desenvolvimento da capacidade de pensar e de se relacionar com o saber, assim como do próprio ato de transmitir o conhecimento.

É preciso observar, ainda, em que medida o campo de relações entre os agentes educativos (Diretor, orientadores pedagógico e professores) e os alunos se tornou palco de transferências[1] (conscientes e inconscientes) de um complicado sistema de relações sociais (familiares e institucionais) cada vez mais esvaziadas de substância e de qualidade do vínculo, que se encontra, por sua vez, atravessado, de um lado, por lógicas binárias no domínio da moralidade (separando de modo doutrinário o que é certo do que é errado, o bem do mal etc), induzindo a condutas mais ligadas à repressão do que à prevenção; e, de outro, por uma espécie de desertificação da vida interior, que atinge professores e alunos, acompanhando o declínio da experiência e da narrativa (cf. assinalado pelo filósofo W. Benjamin, 1989), que tem atingido o seu ápice diante da crescente tendência neo-individualista do mundo contemporâneo (Lipovetsky, 1992). Uma tendência que tem induzido à liberação de todo compromisso social e de toda moral, associada com a liquidação da idéia de sacrifício (e do estímulo aos prazeres imediatos, ao culto do eu, da felicidade intimista e materialista), promovendo, ao mesmo tempo, a cultura dos direitos subjetivos (a obrigação existe apenas para consigo mesmo).

---

1. Tomo aqui como referência o significado psicanalítico da transferência, embora procure ampliá-lo para o campo da cultura. Cf. o *Vocabulário da Psicanálise*, este termo designa "o processo pelo qual os desejos inconscientes se atualizam sobre determinados objetos no quadro de um certo tipo de relação estabelecida com eles e, eminentemente, no quadro da relação analítica" (Laplanche, J. e Pontalis, J.-B, 1985, p. 668).

Embora muito se fale sobre a violência juvenil, é preciso ponderar sobre a violência subjacente à própria escola que só vem a agravar a situação. Nesse sentido, pareceu-me bastante refinada a análise feita pela socióloga Áurea Guimarães, em seu artigo "Indisciplina e violência – a ambigüidade dos conflitos na escola" (1996). Salienta em particular a dominação e coerção presentes nas formas homogeneizadoras com que a escola trata a própria rotina e disciplina dos alunos, sem levar em consideração, por ex., o modo como são partilhados os espaços, o tempo, as relações afetivas entre os alunos, eu diria, também, as relações de classe e as diversas formas de exclusão social, contra as quais as gangues têm se levantado com violência.

Na tentativa de afunilar um pouco mais a temática, gostaria de propor que abordássemos especificamente a relação professor/aluno no 2º grau, cujas relações, apontadas como intensificadamente tensas, chegando às raias da agressão física, têm preocupado pais e educadores. E por que não grande parte da opinião pública e da sociedade civil (atingindo magistrados, órgãos do governo, e a própria *mass media*)?

No artigo "Culturas jovens e cultura escolar" (2000), Emílio T. Fanfani salienta como as mudanças observadas na "morfologia e cultura" das novas gerações, que acompanhou a expansão do ensino do 2º grau na América Latina (produzindo uma verdadeira massificação do ensino), levaram à crise que estamos presenciando hoje na oferta do tipo tradicional de educação escolar, o que acabou abalando profundamente os velhos dispositivos que regulavam a relação entre professor e aluno e a relação com o conhecimento, e garantiam, por sua vez, a autoridade pedagógica e a estabilidade de uma certa ordem institucional.

O problema é que a escola parece não estar acompanhando essas mudanças, pois, ao insistir em um ensino tradicional, que se limita a ensinar, sem levar em consideração que a subjetividade e a cultura dos jovens têm outras referências além da escola e da família – o que impõe, por sua vez, novas exigências no campo da relação entre as gerações, da participação e expressão juvenis e mesmo do interesse do jovem pelo conhecimento –, acaba se tornando palco muito mais de confronto e mal-estar do que de um intercâmbio propriamente enriquecedor.

Todos esses fatores põem em xeque a autoridade do professor e estão praticamente claudicando, quando não impossibilitando, a transmissão do conhecimento e da experiência, e, como expressão do desespero e desesperança que atingem em cheio a própria identidade do professor, o estão impelindo para o emprego freqüente de condutas normativas e disciplinares.

De outro lado, tais condutas se fazem acompanhar de uma verdadeira tentativa de expurgar o campo dos afetos da sala de aula, e conseqüentemente a transferência, que hoje é muito mais complexa, uma vez que se faz permear, não apenas pela qualidade das relações afetivas estabelecidas no interior da família, como crêem ingenuamente os professores, mas pelas tendências incertas e fluidas da cultura, conclamada como pós-moderna.

A questão, portanto, é avaliar quais os fatores que estão entrando em jogo nesse declínio da autoridade docente, que têm abalado seriamente o ânimo e mais profundamente a identidade do professor, particularmente do ensino médio.

Para tratar de tão intrincada questão, gostaria de propor uma reflexão a respeito de algumas vertentes de análise teórica, que nortearam minha atuação como psicóloga e pesquisadora com professores e alunos de uma escola pública do ensino médio em São Paulo. Em primeiro lugar, abordei o declínio da autoridade do professor, procurando estabelecer relações com o declínio da figura do pai, que tem dificultado não apenas a internalização da Lei, como o acesso ao simbólico e à própria cultura. Em segundo lugar, embora não tenha abordado diretamente, estava presente nas discussões com alunos e professores a questão da privatização da existência pública e o conseqüente empobrecimento da experiência e da arte de narrar, que, associados à fragmentação da vida em sociedade e ao individualismo extremados, têm contribuído para o desaparecimento da autoridade do professor, baseada no compromisso social e político que o mesmo seria portador no ato de ensinar. Por fim, permeou minhas intervenções – no que diz respeito ao adolescente de hoje, ou seja, o aluno do 2º grau – o cuidado de analisar em que medida as atuações do jovem, muitas vezes violentas, faziam parte de uma espécie de recusa[2] do adolescente da dependência do outro, o que o impede de manter um intercâmbio, intelectual e afetivo, com o mundo adulto e, em última instância, com o mundo da cultura, e se esse não seria mais um elemento dificultador na relação entre professor e aluno, contribuindo para a desvalorização do primeiro aos olhos do segundo.

Farei em primeiro lugar um relato de alguns dos momentos mais críticos desse início de minha pesquisa de campo, para depois expor as principais reflexões de natureza teórica que nortearam minha atuação na escola.

## A pesquisa de campo

### A entrada pelo portão da frente: como se fazer presente na sala dos professores quando se é apresentada pela diretora

Tive uma primeira reunião com a diretora de uma escola estadual do ensino médio, que me abriu prontamente as portas da escola para a realização de um trabalho com os professores. Havia interesse de que

2. *Recusa* foi um termo utilizado por Freud para se referir a uma falha na relação do eu com a realidade. Trata-se, na verdade, da realidade da castração, o que remete ao não reconhecimento da diferença de sexos, ou mais especificamente da ausência do pênis na mulher. No artigo sobre o fetichismo (Freud, 1927), o autor refere-se a uma ação enérgica para manter a recusa que atinge a percepção, daí também tratar-se de um mecanismo de defesa diante da realidade externa, fundado "sobre uma percepção de ordem sexual renegada por um processo do pensamento". Em textos posteriores, Freud chega a admitir que ocorre uma espécie de clivagem do eu que funda a recusa. (Cf. *Dicionário Enciclopédico de Psicanálise – o legado de Freud a Lacan*, Zahar, 1996, p. 447). No caso do adolescente, é como se ele recusasse a percepção da castração e se mantivesse onipotentemente alheio à sua dependência do outro, o que compromete não só seu processo de identificação ainda inacabado, como a eleição de objeto.

a escola contasse com uma professora universitária e estagiários que pudessem fazer "algo" pela escola pública. Dias depois, tive uma primeira reunião com os professores na presença do meu estagiário e da coordenadora pedagógica. Somente aí encontrei resistências, primeiramente por ter sido recomendada pela diretora, em seguida por minhas idéias, consideradas por eles demasiadamente complacentes com os alunos desrespeitosos que invadiam a escola ano após ano.

No primeiro encontro, explicitei os objetivos mais amplos da pesquisa, que visava obter uma compreensão clínica e socioeducativa do adolescente em seus diversos ambientes: em casa, com os amigos e na escola com os colegas e os professores. Daí meu interesse em fazer um grupo com os professores, onde se pudesse discutir temas que refletissem suas preocupações. Apesar de insistirem em dizer que não havia problemas de violência naquela escola, dentre os temas propostos priorizaram justamente dois temas:

- o declínio da autoridade do professor;
- confrontos em sala de aula.

As reuniões seriam durante a hora-atividade, de 15 em 15 dias, durante 45min, ou até 1h:15min.

Os encontros com os professores se deram inicialmente sem muito interesse, alterando um pouco quando relatei a eles o resultado de dois encontros com os alunos do 2º e 3º anos. Somente neste momento, quando trouxe a eles o relato vivo dos alunos, é que começaram a dizer que até que seria bom ter uma psicóloga na escola. As reações foram as mais diversas ao longo de uma série de encontros que tivemos durante o ano passado: alguns começaram a se interessar pelos textos que eu trazia; outros começaram a querer ouvir minha opinião sobre outras formas de agir diante de determinados impasses vividos em sala de aula, que iam desde a pichação das paredes, a insolência diante do professor, até o desinteresse completo pela matéria. Outros só ousavam segredar-me as mudanças que tinham ocorrido, quando alteraram suas posturas em relação aos alunos, embora no grupo mantivessem invariavelmente o discurso de que era preciso manter a ordem e o respeito ao professor a qualquer custo.

Para que se tenha uma idéia da importância do olhar de alguém de fora da escola sobre os mesmos alunos com quem conviviam no dia-a-dia, passo ao relato de um encontro, cujo caráter foi inusitado, uma vez que se deu logo após a rebelião dos alunos contra uma professora, considerada autoritária. E isso logo após termos discutido no grupo de professores a questão do declínio da autoridade do professor!

## Quando o olhar se desloca para os alunos – No olho do furacão!

Antes desse encontro pensei muito sobre o significado da demanda dos professores para que eu discutisse com eles, na reunião seguinte, sobre a depressão na adolescência, em seguida à nossa discussão sobre o declínio da autoridade do professor. Ocorre que, chegando lá, tinha acabado de haver uma rebelião de toda a escola, ou mais especificamente das classes do 3º ano contra uma determinada professora. Disseram que ela era terrível, autoritária, e que não esclarecia as dúvidas dos alunos, além de não ensinar direito a matéria. Alguns professores descreveram o que ocorrera minutos antes, como algo que parecia uma rebelião da FEBEM; a diretora em exercício, temendo uma violência maior, falou com as lideranças e chamou o batalhão da Polícia Militar, mas como conseguiram controlar a situação, não deixaram que a polícia entrasse.

Entrei na sala dos professores, cautelosamente, sem saber se era bem-vinda, momento em que a professora que fora o pivô da rebelião me abordou para contar que tinham acabado de vivenciar algo inédito na escola: praticamente ficaram sitiados pelos alunos, que resolveram protestar contra seu modo de funcionamento. No começo, quando tudo ainda estava sob controle, os representantes de sala dos 3$^{os}$ anos vieram falar com a diretora e a coordenadora pedagógica sobre suas reivindicações. Haviam feito uma pequena manifestação, chamando os demais alunos para protestar, até que a coisa tomou um vulto que assustou os próprios alunos que estavam liderando a manifestação. Alguns alunos entraram chutando as portas e exigindo que os colegas saíssem da sala para protestar, subiram no palco, gritavam *slogans* hostis e ofensivos contra a professora, além de terem quebrado a câmera de vídeo da escola (parece que com o intuito de não serem identificados). Por isso, na reunião com os líderes, a primeira coisa que a direção da escola lhes disse era que existiam outros modos de reivindicar, visando ao diálogo, e que era preciso tomar cuidado com a violência desencadeada com uma manifestação daquele tipo. Mas, os alunos rebelados comunicaram à diretora que eles já haviam tentado o diálogo muitas vezes, sem que fossem ouvidos. Acrescentaram ainda que repudiavam a postura da professora, pelo fato de ela não esclarecer suas dúvidas e os tratar com descaso.

A primeira fala da professora, alvo da rebelião, foi muito defensiva, o que era compreensível. Disse claramente que era muito feliz, que odiava dar aula na escola pública, por causa dessa falta de respeito pelo professor, que queria se aposentar o quanto antes, mas que infelizmente tinha de esperar até fevereiro do ano seguinte (estávamos em agosto). Disse que ela nunca havia destratado os alunos, que passava os exercícios e se dispunha a corrigir os exercícios daqueles que se interessassem, deixando uma cadeira ao seu lado. Que não era nenhuma víbora, que sempre se dedicou aos alunos, em especial àquela escola, onde lecionava havia onze anos, e que o problema era que os alunos não sabiam escrever, não se interessavam por ler e daí ela procurava motivá-los com filmes, cartazes, além de corrigir os exercícios na lousa. Eles começavam mal e, depois, no final, melhoravam as notas. Houve uma classe, com quem ela conversou, que queria que ela aprofundasse o estudo dos autores, mas eles entenderam que não era possível, pois tinham de estudar cerca de sessenta autores, e, como eles não liam nada, não havia como fazer diferente.

Percebi que a professora, embora quisesse discutir para se recompor, não estava disposta a se repensar. A diretora tentou sugerir a ela que os alunos exigiam conteúdo e que a questão não se restringia à questão da nota ou de passar de ano, mas que houvesse outra postura diante do aluno e que ela adotasse outra didática. A coordenadora ressaltou que ela exigiu dos alunos respeito ao professor, mas que era preciso escutar o aluno também. Disse que iriam conversar com a professora e que voltariam a conversar com os líderes novamente, mas que não era possível mudar a personalidade da professora.

Eu lhes disse que o que estava acontecendo era fundamental – a conversa entre a direção, a coordenadora e os professores – para que a professora que fora alvo do protesto dos alunos se sentisse respaldada pela escola e que, por outro lado, os alunos também pudessem ser escutados. Disse-lhes que essa era a melhor atitude que eles podiam tomar, em contraposição a uma atitude repressiva, de represálias em torno dos agitadores, pois o clima poderia piorar. Era preciso ver que eles, embora estivessem se rebelando, chamavam para o diálogo, convocando a escola para o vínculo ou mesmo para a sua transformação, e que eles não podiam dar um passo no sentido do enfrentamento autoritário, pois assim é que a violência poderia ser desencadeada sem controle. Era preciso que a escola os ensinasse a reivindicar, sem tudo destruir!

Na verdade, pareceu-me mais sensato reforçar as atitudes que apontavam para uma tentativa de compreensão mais ampla da situação e que apontavam para a necessidade do diálogo, em meio ao pânico e ao caos criados pela rebelião dos alunos.

## Uma pausa para reflexão...

Não sei se consegui transmitir para o leitor o clima de tensão reinante em uma escola onde até então parecia haver apenas algumas indisposições nas relações entre alunos e professores. Procurei pautar minha participação no grupo de professores inicialmente por assinalamentos e discussões a respeito de alguns temas candentes, como a indisciplina dos alunos e o declínio da autoridade dos professores, o que propiciou o surgimento de vivências depressivas entre os professores, dando lugar não ao desânimo, mas à reflexão, até chegarmos a interpretações que fossem capazes de fazer emergir claramente os conflitos latentes e os afetos que os sustentavam – de ódio, ressentimento e até mesmo de pavor, diante do "abalo sísmico" provocado pela rebelião dos alunos na identidade dos professores.

Após essa reunião, solicitaram que eu me reunisse com os alunos mais inquietos da escola, para que pudesse avaliar de perto o que eles estavam enfrentando em sala de aula. Ponderei que o convite seria um desafio importante tanto para minha atuação junto aos professores, como também para o avanço de minha pesquisa a respeito da dinâmica emocional e "relacional" do adolescente na atualidade.

## Reunião com alunos dos 3$^{os}$ e 2$^{os}$ anos do ensino médio: quando a palavra é liberada... na geração *bof*[3]

Por sugestão de uma professora, reuni-me com os alunos do 3º ano – exatamente com aqueles que haviam iniciado a rebelião contra a referida professora. Como "estratégia de diluição" do problema, resolveram convidar também uma outra classe do mesmo ano.

De início, eu pensava em dar uma palestra sob o título: "O que é ser adolescente hoje?" e depois abrir para a discussão. Mas, na hora em que vi que eles estavam puxando as cadeiras para sentar no "fundão", um sinal de que poderiam se desligar totalmente, desisti da idéia e me pus a dialogar com eles.

Apresentei-me como alguém interessada nos adolescentes e que dava aulas para futuros professores do ensino médio e fundamental. Contei-lhes que estava fazendo um trabalho com os professores daquela escola e que por sugestão deles eu me dispus a discutir com eles sobre um tema tão complicado como aquele, ou seja, "O que é ser adolescente hoje?"

Disse-lhes que não estava ali para ensinar sobre um tema sobre o qual quem mais podia dizer eram eles mesmos. Ponderei quão difícil devia ser o momento pelo qual estavam passando, ou seja, terminar o 3º ano e daí partir, ou para tentar uma faculdade, ou trabalhar,

3. Geração *bof* é o termo utilizado na França para designar o que no Brasil chamamos de "saco-cheio".

ou ainda fazer um curso técnico. E que essa situação podia ser tão angustiante que sequer se queria pensar a respeito. Por fim, ponderei sobre o fato de seus pais e professores terem experimentado uma adolescência muito diferente da deles, alguns com vivências mais abertas, outros submetidos a uma educação mais rígida.

Logo em seguida, uma garota deu seu depoimento: "no meu caso, meus pais são mais críticos que os jovens de hoje em dia. Eles viveram muitas coisas, mas até a relação com a droga é diferente... Na época deles, a droga era uma forma de contestação, hoje é pura alienação, é uma fuga!"

Daí pegou fogo e vários alunos se colocaram quando eu lhes perguntei se era realmente uma fuga, era fuga do quê? Uns disseram que era porque tudo era muito monótono: acordar, trabalhar, estudar e nada mais! Outros falaram que era simplesmente porque queriam estar entre eles... mais relaxados... discutimos por que não se legalizava a maconha, e sim o cigarro e a bebida... outros disseram que era porque a maconha era alucinógeno e que podia levar a outras drogas. Eu lhes disse que havia muito interesse econômico em torno da questão das drogas hoje, que não havia antigamente, como o que estava presente no crime organizado e no tráfico de drogas, mas que eu concordava que eram dois pesos e duas medidas quando se tratava de drogas, bebidas e cigarro.

Aos poucos fui encaminhando a discussão para a questão da formação de cada um. Para se manter atualizado, como eles faziam? Falaram da tevê, da internet, de livros e filmes. Discutiu-se o quanto a informação de cada um desses veículos era alienante, muito dirigida para vender produtos e serviços... que talvez a informação na internet fosse mais variada, mas que também podia alienar as pessoas.

Finalmente, perguntei a relação entre as gerações também trazia alguma contribuição para a formação deles – no caso, os pais, avós e professores.

Afirmei que me parecia que o mundo havia mudado, como ninguém tinha mais paciência para ouvir histórias, ou um problema de alguém... Em seguida, uma garota me interrompeu e disse que gostava de ouvir histórias de seu avô, só não gostava quando fazia comentários durante a novela.

Salientei que isso era raro hoje em dia, mas muito necessário; ouvir histórias, para sabermos de onde viemos, quais são as nossas raízes... Outra garota afirmou: "Mas se meus pais também não sabem de onde viemos!" Outra disse que era descendente de lituanos e portugueses... E olhou em tom desafiador para uma garota de origem negra: "Ela, por exemplo, não sabe de onde veio!" Outra disse: "Mas o problema é que o jovem quer, ele mesmo, fazer a história! Não quer saber das origens, de quem já fez!"

Afirmei, ainda, então que compreendia a necessidade deles, mas que, para fazer história, era necessário saber algo sobre o nosso passado, para entendermos o presente e construirmos o futuro...

Eu lhes disse que em todo caso estávamos falando de troca de experiências, entre os amigos, entre as gerações... do tempo que se tem hoje para ouvir e narrar histórias... que por mais que se goste dos avós, já não se tem paciência, como antigamente, de ficar ao pé do fogão à lenha e escutar as histórias dos mais velhos... Alguns, em tom nostálgico, afirmaram que era mesmo bom cozinhar feijão na lenha... outros contestaram, perguntando: "Então seria bom não ter mais roupa, sapato, tevê e voltar à época das cavernas?" Intervim nesse momento para lhes dizer que não era o caso de voltar ao tempo que já passou, mas apenas olhar para o que se perdeu junto com o avanço tecnológico. Dei-lhes um exemplo, aproveitando-me do que ocorria naquele momento entre eles, uma vez que falavam todos juntos e muito rápido. Disse-lhes: "Percebam como estão falando em um ritmo alucinado, sem escutar uns aos outros... Isso é fruto de uma época em que os homens são cada vez mais feitos às pressas... É preciso ver o quanto tudo isso auxilia na concentração e até mesmo na comunicação..."

(Fez-se um silêncio... uma pausa... e olharam-se pela primeira vez uns aos outros.)

Depois perguntei se a escola exercia alguma função na formação dos jovens... Uns disseram que nunca gostaram de estudar...

Outro disse que seus pais não tiveram a mesma oportunidade que ele, pois não estudaram quando crianças, mas que ele estava ali apenas para pegar o diploma... Eu lhes fiz pensar então sobre o sentido da escola: "para que servia então a escola? Para dar diploma?... Não precisava então dar matéria alguma? Ou só o que os alunos gostassem? Mas, nesse caso, como fariam para escolher o que gostariam de seguir, se o ensino já fosse direcionado só para algumas áreas?" Alguns ficaram um tanto atônitos com a idéia do fim da escola, do ensino, mas conseguiram expressar algumas de suas idéias, dizendo que era essa a opinião deles – centrar nas áreas em que eles tivessem maior afinidade. Porém, alguns ficaram divididos e salientaram, em seguida, que a escola tinha de dar uma base geral... Mas era necessário estimular os alunos... caso contrário, eles só se interessariam pela oportunidade de encontrar os amigos... na verdade, era o que estava ocorrendo com a maioria deles.

E assim terminou nossa conversa. Fiquei com a sensação de que eles nunca eram ouvidos e que apenas aparentemente não queriam saber de nada...

## Reflexões *a posteriori* a propósito do encontro com os alunos e, depois, com os professores

O encontro com os alunos foi muito vivo, embora exaustivo, uma vez que a ânsia por falar era enorme. Todos queriam exprimir suas idéias, como se há muito não fossem ouvidos. Reclamaram do descaso de professores e alunos para com o ensino, mas também que a escola poderia acompanhar mais de perto o interesse deles, por meio de outras formas de acesso ao conhecimento, ou mesmo satisfazendo suas necessidades de estabelecer um vínculo mais estreito com o próprio professor.

Os professores, por sua vez, pareciam muito impregnados de um discurso oficial que desqualificava o aluno de antemão, atribuindo a eles sempre alguma má intenção, o desejo de agredi-los e desafiá-los, com a intenção clara de *liqüidar* a autoridade docente. Mas, embora sem admitir publicamente, alguns professores foram dando alguns passos em direção ao diálogo e, quando o faziam, vinham me consultar em segredo...

Durante as férias do final de ano pude refletir sobre o meu papel naquela escola e de como seria longo meu trabalho para que começasse a haver alguma mudança, ao menos naquilo que poderia ser feito no âmbito da escola, no sentido de restabelecer um diálogo entre professores e alunos, integrando os pais, se possível. Foi ficando claro, em primeiro lugar, como devia ser desgastante para um professor que dá 8 horas/aula diárias estabelecer um clima de diálogo com alunos tão inquietos. Mas, de outro lado, talvez as coisas ficassem mais fáceis em sala de aula – tornando a transmissão, no sentido amplo, uma tarefa possível – se a palavra começasse a circular sem tanto receio. Com o cuidado, inclusive, de não transformar uma situação agressiva em violência incontrolada, como por pouco não aconteceu no dia da rebelião. Procurei fazê-los ver que, embora parecesse pura insolência, talvez fosse uma demanda de diálogo por parte dos alunos rebelados. E que exatamente a falta de diálogo e a tentativa de impor ordem pela força é que poderiam desencadear uma violência incontrolada. Somente desse modo, com este tipo de compreensão, poderia, a meu ver, ser restabelecida a autoridade do professor, ganhando provavelmente novos significados e, desse modo, romper com o clima de mal-estar e de desconfiança que reina dentro e fora da sala de aula.

## A reflexão teórica que sustentou minha atuação na escola

### A questão da violência e da agressividade entre os adolescentes/alunos do ensino médio – um tema do cotidiano escolar?

Em um estudo sobre a violência encomendado pelo Ministério do Trabalho francês, organizado por diversos cientistas sociais e dirigido pelo psicanalista Pierre Benghozi, *Violence et Champ Social* (2002), os autores fazem questão de salientar que a definição de violência é eminentemente histórica, pois o seu entendimento varia conforme o grau de tolerância de cada época.

Distinguem, inicialmente, inspirados pela psicanálise, a violência da agressividade, salientando o caráter dessubjetivante e simbolicida (enfim, destrutivo do sujeito) da primeira, importando muito mais nesse caso o ataque ao vínculo, enquanto que a segunda – a agressividade – convoca o outro, interpela o outro para o estabelecimento do vínculo e para a alteridade.

Concluem que a despeito das diferentes formas de manifestação da violência (verbais, físicas, sexuais, materiais, econômico-sociais, jurídicas), ou mesmo considerando que o estatuto da violência é codificado pela lei, a violência é sempre psicológica. O que varia são os lugares e momentos de expressão da violência: no espaço privado (família, casal), no espaço público (urbano, escola, trabalho) ou institucional (das instituições do Estado). Ou ainda se ocorre no plano da filiação vertical (ascendentes ou descendentes) ou horizontal (laços conjugais, de pertencimento a um grupo, uma instituição ou uma comunidade). Dada a complexidade do assunto, procuraram abordá-lo dos pontos de vista antropológico, psico-sociológico, filosófico e psicanalítico.

Menciono este estudo só para se ter uma idéia, não apenas da complexidade do assunto, mas de como esta questão parece ser uma preocupação mundial. Não se pode negar a violência induzida pelo caos social gerado pela globalização, além daquela que atinge especificamente o processo de subjetivação do jovem de hoje e a que parece estar presente na escola pública brasileira. Para se fazer um estudo de como todos esses fatores incidem sobre o cotidiano escolar, é preciso ter em mente todas essas dimensões, sem proceder a falsas generalizações, mas analisar como cada um deles incide sobre a vida dos indivíduos envolvidos.

No caso do jovem, na atualidade, a virada criativa ou autodestrutiva/hetero-destrutiva, vai depender mais do que nunca da qualidade da resposta do mundo adulto. Particularmente na escola, cabe aos professores e direção saber discriminar o desafio estudantil que os está convocando para o estabelecimento do vínculo e o diálogo, da violência pura e simples, que tudo pretende destruir. E, o mais importante, é que dependendo da resposta do mundo adulto, algo que ainda visava o diálogo pode se converter em mera violência simbolicida.

O contato com a intimidade da dinâmica emocional dos adolescentes "difíceis", ou mesmo o acesso que se tem às queixas nas escolas em relação ao "fenômeno" adolescente, demonstram que a relação entre pais e filhos e, destes com a escola, tem se pautado por um verdadeiro escoamento sem volta das angústias desses adolescentes. Fenômeno que se traduz, no plano da relação entre as duas gerações – seja entre pais e filhos, seja entre educadores e jovens – ou pela violência entre os dois pólos da relação, ou pela total falta de controle da relação de autoridade dos pais e educadores com os adolescentes. É como se o essencial destes jovens, ou seja, sua dinâmica emocional, estivesse passando ao largo do mundo adulto. Ao contrário disso, exige-se competência desses jovens, os quais são avaliados segundo uma racionalidade totalmente alheia ao imaginário dos mesmos.

A psicanalista francesa Françoise Dolto, em seu livro *L'Échec Scolaire — essais sur l'éducacion* (1989) dizia, numa época que tanto se falava sobre o fracasso escolar, estar muito mais preocupada com aqueles em que, a despeito de seu rendimento relativamente bom na escola, havia faltado uma formação moral que só se obtém entre os seis e nove anos de idade por meio de uma educação afetiva e sexual. Na verdade, com outras palavras, estava se referindo às condições de internalização do pacto edípico, para que se constituam as condições subjetivas de internalização da moralidade.

A grande questão é em que medida isso é possível em uma sociedade, como ressaltou Lipovetsky, em *L'ère du vide* (1993), que, na passagem do individualismo limitado ao individualismo ilimitado, desliza sem vínculos sólidos, sem bases emocionais estáveis. Com o processo de personalização e de superinvestimento subjetivo, induz-se os indivíduos a reduzir o investimento emocional sobre o espaço público (o que é diferente de uma mera despolitização), dando lugar muito mais a agrupamentos de interesse miniaturizados. Na verdade, reproduzindo *ad infinitum* a fragmentação social, seguindo o critério de interesses particulares.

Ora, o indivíduo é lançado na ciranda da mundialização da cultura e do avanço desenfreado tecnológico, o que, se de um lado, lhe abre inúmeras possibilidades virtuais de subjetivação, estas assentam-se, entretanto, de outro, sobre o que Herrmann (1994) denominou "perda da substancialidade" da comunidade sobre a qual se assenta a ação social. Uma visão que parece atualizar as idéias do filósofo Walter Benjamin que, em seu artigo "Experiência e Pobreza" (1989), salienta a dialética particular que se verifica no mundo contemporâneo entre a redução da experiência coletiva e o empobrecimento da arte de narrar como conseqüência do esvaziamento da própria dimensão privada da experiência. Uma idéia semelhante à defendida por Adorno acerca da dimensão narcísica das tendências regressivas da modernidade, sustentando que quanto mais o indivíduo torna-se independente da experiência social é, no final, incapaz de experimentar sua especificidade, o que resultaria no mais completo processo de indiferenciação subjetiva.

## A geração *bof* e o desencanto com a escola – a título de conclusão

É preciso observar que vivemos em uma sociedade de "homens feitos às pressas"[4], cujas relações são orientadas por objetivos a curto prazo, em que predomina a estimulação dos sentidos e sensações imediatas. Ávida de identidade, a sociedade contemporânea vê-se pautada pela irresponsabilidade individualista, ao mesmo tempo em que prevalece um verdadeiro dogmatismo ético (Lipovetsky, 1992).

4. Uma expressão bastante atual para o mundo contemporâneo, que foi empregada por Schreber, um paranóico cujo livro ficou famoso, sobretudo por ter sido objeto de análise de Freud pela primeira vez em 1911. *In*: Schreber, P.-P. *Memórias de um doente dos nervos*. Trad. e org. Marilene Carone. R.J., Graal, 1984.

Janice Ponte de Souza sustenta, em seu livro *Reinvenções da utopia – a militância política de jovens dos anos 90* (1999), que as políticas públicas adotadas na segunda metade da década de 1980 foram um meio de canalizar as demandas populares e, desse modo, fazer face ao empobrecimento da população, inclusive da classe média, assim como à ascensão do crime organizado e à falta de escolaridade. É dentro desse quadro, onde as ações coletivas nos anos 90, embora preservassem um comportamento social de resistência e de luta antiautoritária como ponto comum, deixavam prevalecer a "fragmentariedade própria da sociabilidade".

A questão da falta de projetos de transformação social e de utopia, mencionados pela autora, ficou bastante evidenciada na discussão que tivemos com uma das classes da escola pesquisada, em que se mencionou como o uso da droga nos tempos atuais era muito distinto dos anos 60, época em que exercia ainda uma função de contestação. Ficou claro que hoje exercia muito mais a função de relaxamento de tensão, ou ainda de alienação do mundo em que viviam.

Somente ponderando sobre essas tendências atuais é que talvez possamos começar a compreender essa nova "classe de jovens" mencionada por Philippe Jeammet e Maurice Corcos (2001). Se encontramos nas condutas extremas, designadas aqui como "patologias do agir", o lado sombrio de alguns jovens, o professor Jeammet nos lembra que há outros que fazem de sua fragilidade narcísica o motor de uma vida criativa e saudável. Mas uma coisa é certa, para tanto é necessária uma verdadeira transformação do meio ambiente em que vive o jovem, uma vez que considera fundamental o tipo de ressonância que o mesmo possa ter no campo psíquico, podendo conduzir tanto à valorização de suas potencialidades, como à autodestruição.

Embora estejamos assistindo no Brasil a uma verdadeira guerra civil envolvendo os jovens da periferia das grandes cidades, sendo os últimos acontecimentos na Febem apenas um sintoma dessa situação dramática, o que quero salientar é que as condutas mais extremas – em que os meninos deixam-se morrer ou saem matando aqueles que simplesmente ousam lhes dirigir um olhar – podem ter o seu início desencadeado por situações as mais banais, como a que nos referimos anteriormente a propósito da rebelião na escola. Como foi visto, uma rebelião dirigida inicialmente contra os desmandos de uma professora, que, além de tudo, mesmo sem intenção de fazê-lo, escancarava-lhes a ferida da má-formação (no domínio da língua portuguesa). Mas que subitamente deixou de ser uma reivindicação, portanto, uma solicitação de diálogo, e transformou-se em pura destruição, não apenas dos aparelhos de vigilância colocados no pátio, o que seria compreensível, mas da imagem da referida professora, passando por um verdadeiro achincalhamento denegridor da pessoa em questão.

Nesse momento, rompeu-se o vínculo e o chamamento para a alteridade, convertendo-se em um verdadeiro ataque simbolicida da autoridade do professor, ao mesmo tempo em que se produzia a erosão do espaço público, que deveria ser usufruído enquanto tal na escola.

Ora, a maior contribuição de toda essa discussão levantada particularmente po Philippe Jeammet é exatamente no sentido de explicitar que o grande paradoxo vivido hoje pelo adolescente – uma vez que a fragilidade narcísica reforça sua necessidade dos objetos amados, ao mesmo tempo em que sente a aproximação e a dependência destes como uma ameaça à sua necessidade de autonomia – só poderá ser experimentado por ele com menos angústia, ou mesmo, com menos desprezo (quando predomina a idéia do "tô nem aí!"), se levarmos a sério a demanda do jovem de uma espécie de co-responsabilização por seu longo caminho de construção de si (não se pode mais culpabilizar o jovem adulto pelo prolongamento de sua dependência de tipo "adolescente" nos tempos atuais).

Pensando sobre o trabalho desenvolvido na escola, objeto da presente pesquisa, não há como desconsiderar que o meio em que vive o jovem, particularmente o mundo adulto que o circunda, deverá passar por sérias transformações, uma vez que, diante das novas tendências da cultura e da mudança do papel da escola, a virada criativa da constituição da subjetividade e da formação cultural do jovem de hoje dependerá mais do nunca de um olhar atento às suas necessidades, tanto intelectuais como afetivas. E, para tanto, como salienta o professor Jeammet, será fundamental a qualidade da resposta do mundo adulto e do vínculo que este propicia para as gerações vindouras.

## Referências bibliográficas

Benghozi, M.P. *Violence et champ social – rapport du Conseil Supérieur du – Travail Social à la Ministère de L'Emploi et de la Solidarité*. Paris: Ed.de L'École Nationale de la Santé Publique, 2002.

Benjamin, W. Experiência e Pobreza. *In*: Benjamin, W. *Discursos Interrompidos* I. Madrid: Taurus, 1989, pp. 165 - 173.

Dolto, F. *L'echec scolaire – essais sur l'éducation*. Paris: Ergo Press, 1989.

Fanfani, E.T. Culturas jovens e cultura escolar. *In:* Seminário *"Escola jovem: um novo olhar sobre o ensino médio"*, 2000, Brasília: MEC, 2000.

Freud, S. Le fétichisme. *In*:Freud, S. *La vie sexuelle*. Trad. Denise Berger, Jean Laplanche e colaboradores. Paris: PUF, 1969, pp.133-138.

Guimarães, A.M. Indisciplina e violência: a ambigüidade dos conflitos na escola. *In*: Aquino, J.G. (org.). *Indisciplina na escola – alternativas teóricas e práticas*. São Paulo: Summus Ed., 1996, pp. 73-82.

Herrmann, F. Mal-estar na Cultura e a Psicanálise no fim do século. *In*: Junqueira, F.I.C.U. (org.). *Pertubador mundo novo*. São Paulo: Escuta, 1994.

Jeammett, P. e Corcos, M. *Évolution des problématiques à l'adolescence*. Paris: Doin Ed., 2001.

Kaufmann, P. (ed.). *Dicionário enciclopédico de psicanálise – o legado de Freud a Lacan*. Ed. por Pierre Kaufmann. Trad.Vera Ribeiro e Maria Luiza X. de A. Borges. Rio de Janeiro: Jorge Zahar Editor, 1996.

Laplanche, J. e Pontalis, J-B. *Vocabulário da Psicanálise*. Trad. de Pedro Tamen. São Paulo: Livraria Martins Fontes Ed., 1985.

Lipovetsky, G. *Le crépuscule du devoir*. Paris: Gallimard, 1992.

________ . *L'ère du vide – essais sur l'individualisme contemporain*. Paris: Gallimard, 1993.

Schreber, P. - P. *Memórias de um doente dos nervos*. Trad. e org. Marilene Carone. Rio de Janeiro: Graal, 1984.

Souza, J.T.P. de. *Reinvenções da utopia – a militância política de jovens nos anos 90*. São Paulo: Ed. Hacker/FAPESP, 1999.

Capítulo 4

# Novas lógicas e representações na construção de subjetividades: a perplexidade na instituição educativa[1]

*Autora: Mirta Zelcer**

*Tradução de: Edson Yukio Nakashima***

## As evidências

### O segundo lar

Falemos do que é óbvio: os personagens principais de uma escola são os alunos e os professores. Apelando para diversas teorias, livros e mais livros foram publicados a respeito de métodos e modos de melhorar e adequar (*aggiornar*) as suas funções. Tantas coisas têm sido ditas e escritas a respeito disso que pareceria inútil apontar qual é a essência de um professor ou o que é um aluno. Isso é tão evidente que seria ingenuidade ignorar o fato de que os alunos comparecem ao "segundo lar" – como sempre têm feito – para ser recebidos pela "segunda mãe", isto é, quem os educa – *a professora*. Pareceria improdutivo descrevê-los.

1. http://www.topia.com.ar. Versão ampliada do artigo de "Topía. Psicoanálisis Sociedad. Cultura". Buenos Aires, agosto, 2003.

* Psicanalista, Membro da Asociación de Psicologia y Psicoterapia de Grupo (AAPPG), Buenos Aires.

** Bacharel em Letras pela Faculdade de Filosofia, Letras e Ciências Humanas da USP e mestrando da Faculdade de Educação da USP.

Entretanto, tendo em vista a perplexidade que os comportamentos das crianças e dos adolescentes, que se apresentam a um estabelecimento escolar, tem provocado nos professores, percebe-se um desajuste entre, de um lado, as representações dos profissionais da educação formal a respeito do que é e quem é um aluno e, de outro, o sujeito real que se apresenta. Isto é, as expectativas dos primeiros muitas vezes pouco têm a ver com as crianças ou com os adolescentes que de fato têm surgido na escola.

Provavelmente algumas funções que eram consideradas essenciais nas instituições se alteraram nas relações que nelas se reproduzem. Ou provavelmente nem mais existam. É este o fato que deixa os professores inquietos e desiludidos. A proporção estatística na clientela da escola entre os que se adequam às pautas dos professores e os que não se ajustam a elas se alterou. E, para os professores, na dinâmica das aulas e fora delas, isso gera uma ruptura que causa impacto de maneira desconcertante em seus recursos habituais.

O que causa a estranheza? Por que a existência de muitos mais adolescentes ou crianças nas escolas com comportamentos que eram antes considerados excepcionais? Por que esta proporção mudou? Quem são eles? Por que não chegam preparados para a escola? Dizendo de outro modo: antes e depois da escola, ou fora dela, quem ou qual entidade as educa?

## Criando realidades

### A instituição escola e o mercado

Ao perguntar aos professores com uma certa trajetória profissional quais as diferenças que eles percebem nos atuais alunos em comparação aos de alguns anos atrás, eles enumeram, consensualmente, os seguintes tópicos[2]: "faltam-lhes limites"; estão

2. As descrições seguintes pertencem a um conjunto de observações fornecidas por professores de três escolas que foram coincidentes entre si.

em outra realidade; possuem outra hierarquia de valores; querem as coisas 'já'; são menos tolerantes; estão muito mais informados do que antes; possuem uma outra espécie de vínculo com o adulto; destratam-no; não são respeitosos; não têm distância em relação ao professor; tratam o professor como se estivessem fazendo uma reclamação para uma empresa; crêem que o comportamento de transgressão é sinônimo de êxito; são consumistas; sofrem de contraturas (tensão nos músculos); são mais chorões; têm mais problemas com o corpo; alguns caminham chocando com tudo o que está na frente (paredes, escritórios, outros corpos); ficam transtornados diante do mínimo arranhão, não se importando com os castigos; os pais, por seu lado, não vêm a diferença de gerações existente entre eles".

Se é solicitada uma descrição da forma como eles vêem os alunos na sala de aula, os professores enumeram, de forma coincidente, que eles "estão muito inquietos, em tensão quase permanente; balançando muito o corpo; como se estivessem prontos para fugir; estressados; violentos".

Estas descrições nos fazem pensar em um sofrimento velado por parte daquelas crianças e jovens com estas manifestações que freqüentam a escola [3].

Temos visto[4] que o ser humano é o produtor e o produto das realidades que simboliza e produz. O ser humano produz e nomeia. A ação, a significação e o sentido compõem a sua atividade e são a sua ferramenta. É por isso que podem existir representações sociais, um imaginário social e aspirações ao redor dos quais as questões implícitas comuns unem ações, provocam sentimentos e inspiram anseios: em certos contextos, rimos pelas mesmas coisas, choramos pelas mesmas razões e quase todos nós nos indignamos

3. O tipo de sofrimento que foi detectado ocorre em indivíduos (amedrontados) que estão à mercê de outros que exercem sobre eles a exclusão social radical. Mas, por sua vez, estes sujeitos que a exercem (que em sua maioria são perversos narcisistas) sofrem do mesmo temor de serem expulsos. Remeto ao artigo "Subjetividades y Actualidad". *Revista Topía*. Buenos Aires, agosto, 2002.

4. Zelcer, Mirta. *La Representación. Del paciente y del terapeuta en la sesión psicoanalítica*. Buenos Aires: Editorial Polemos, 2002.

justificadamente por motivos idênticos. Tudo isso ocorre nas organizações sociais que são criadas. Nelas se forjam e se configuram realidades. Com elas, e nelas, o ser humano vive: os sujeitos e as instituições se reproduzem reciprocamente. Deste modo, toda realidade como construção prática – de onde se juntam a dimensão material e a dimensão simbólica –, tem lugar durante a própria biografia neste tipo de situações e, em conseqüência, resulta normal. E tal normalidade resulta-nos natural[5].

Entretanto, os comportamentos dos assim chamados alunos que freqüentam as escolas não respondem às representações de "normalidade" que foram mantidas pelos professores e, por isso, tornam-se estranhos a estes últimos. O que se "desnaturalizou" no sujeito escolar, de acordo com os professores?

Vamos recuar alguns passos para observar um pouco melhor a instituição educativa: a Escola, como uma das organizações socialmente construídas, cumpriu uma função prática primordial durante a modernidade. Teve uma finalidade vital para a sustentação do Estado Nacional na medida em que se produzia a entidade subjetiva que o sustentava: o cidadão.

A Escola foi um bastião da cultura; foi uma instituição organizada pelo Estado Nacional, que, por sua vez, lhe outorgou o seu sentido; foi também por meio desta entidade que o Estado Nacional se estabeleceu. Mas atualmente é comum perceber (já não é nenhuma novidade dizê-lo) que o Estado Nacional está falido[6] e que perdeu a sua eficiência. Então, quem ou o que fundamenta a Escola? Quem agora a referencia e a planeja? E quem a constitui hoje?

Um fenômeno que não é mais ignorado por ninguém é a emergência de um elemento radicalmente diferente, a saber: o operador de mercado[7]. Poder-se-ia pensar que é o mercado que referencia a escola? A partir do regime de mercado, há algum vislumbre de

5. Zelcer, Mirta. *Subjetividades y Actualidad. Revista Topía*. Buenos Aires, 2002.

6. Grupo Doce. *Del fragmento a la situación. Notas sobre la subjetividad contemporánea*. Buenos Aires: Gráfica México, 2001.

7. Ibid.

planejamento sobre a instituição educativa, salvo captá-la como mais uma entidade possível dentro das prateleiras de ofertas para o consumo e para seu próprio negócio? O mercado, apesar de sua hegemonia no cenário atual, não ocupa o lugar que ocupava o Estado Nacional em relação às instituições.

Deste modo, o desajuste antes mencionado levaria a elaborar algumas conjecturas, a saber:

a- que existe um mau funcionamento da instituição Escola. Ao cessar o pacto com a instituição-meta que a abrigava, o Estado Nacional, a instituição educativa ficou sem orientação. E, ao que parece, o ajuste ao funcionamento mercantil tem se mostrado complicado;

b- que as escolas abriram uma expectativa: sem se darem conta, estão esperando por uma orientação exterior a elas mesmas que substitua a que perderam;

c- que os alunos que ingressam na escola não são mais aqueles que, historicamente, costumavam ingressar.

O que confunde os profissionais de qualquer área forjados na modernidade já não são apenas as velhas denominações para os novos funcionamentos. A não ser pelo fato de que, além disso, ao fazerem parte eles mesmos das formações morfológicas chamadas instituições (por exemplo, um ministério, uma fundação, uma associação profissional, uma sede de governo, uma instituição escolar etc.), ao pertencerem às estruturas de outrora, ao perceberem as mesmas geografias, ao verem os mesmos corpos[8] (de crianças, de adolescentes, de adultos etc.) e, ao mesmo tempo, ao sustentarem as mesmas teorias e as práticas idênticas que delas se derivam, oculta-se o fato de que estas formas (corpos e geografias) correspondem a outras entidades e outras subjetividades.

8. "Os mesmos corpos" somente em aparência: observados, inclusive sem demasiada sutileza, percebem-se as mudanças que apresentam dentro das escolas por mais semelhantes que pareçam. Os corpos infantis são produzidos sem diferenças em relação aos corpos adultos.

Abordaremos o problema a partir deste ponto: o que ocorre com os novos comportamentos quando certos sujeitos contemporâneos se inserem nas velhas, conhecidas e entranháveis instituições? Por que certos tipos de fenômenos perturbam, neste caso, os professores? O que ocorre com os seus recursos teórico-práticos anteriores quando eles os implementam para estas novas subjetividades?

## Um sujeito social para uma realidade social

### Do semelhante ao "consumidor-consumível" mediático

Demonstramos que uma variação significativa em uma modalidade de organização social produz, como conseqüência, uma variação na subjetividade que nela se apóia e que, por sua vez, a sustenta. Neste sentido, se o Estado Nacional como dispositivo prático hegemônico foi substituído pelo mercado, a subjetividade proeminente que se manifesta já não será a do cidadão, mas sim a subjetividade do "consumidor-consumível": suas representações e seus meios de condução se sintonizam com o novo poder hegemônico. Assim, a compreensão da vida terá, para as novas subjetividades, uma outra forma: será atuada, será sentida, será falada, terá significados e será valorizada com elementos diferentes e com uma lógica representacional diferente da lógica estatal, que é a que ainda sustentam, por exemplo, muitos profissionais docentes. Estes dois fatores – os elementos diversos e as lógicas diferentes – são os que deixam atônitos os profissionais escolares. Agora, quais são estes elementos e quais são estas lógicas?

Vejamos: o consumo é a prática que unifica os novos sujeitos emergentes. Se, para a Escola, o consumo não está avaliado como um valor essencial, tampouco não será ela que o transmite. Na modernidade, a Escola tentou criar certa uniformidade em sua população, destacando de forma positiva aquelas pessoas que aderiam a tal homogeneidade e, de forma negativa, aquelas que não o faziam. A potência (*superegóica*) destas operações formativas apoiava-se discursivamente na denominação de "segundo lar". Com esta qualificação, buscou-se demonstrar aos cidadãos a força e a incidência que a Escola devia ter na produção subjetiva. Em sua intenção manifesta, a Escola se baseou – e o discurso da maioria indica que segue se baseando – na produção de sujeitos semelhantes entre si. O fracasso permanente em se atingir este objetivo tão arraigado tornou-se uma das causas dos desgostos e dos sentimentos de derrota dos professores.

No entanto, em que consistia a semelhança de outrora? Qual era o princípio prático que produzia o enunciado da semelhança? A resposta é: todos os cidadãos eram semelhantes perante a lei. No entanto, a lei se desmantelou junto com o Estado que a sustentava e que ela, ao mesmo tempo, consolidara. Contamos com uma profusão de demonstrações verídicas de que não somos todos iguais perante a lei: dependendo de quem se trata, o perdão, a indulgência, o tipo de castigo social e sua duração variam de forma contundente.

Se a Escola se baseava na relação entre seres humanos semelhantes, sua missão foi socializá-los fortalecendo e preparando o futuro cidadão. Este aspecto de seu trabalho se implementava como um atributo da experiência real. Por sua vez, as crianças ingressavam preparadas saindo dos lares para serem mais um aluno obediente e aplicado na sala de aula[9]. Esta semelhança traçava, em correspondência, uma linha de jurisdições, ordens e graus de poder equivalentes e similares na vida da instituição escolar. As relações de comando e subordinação, o poder espiritual, a veneração e o acatamento, atavam as hierarquias à lei fundando o sentido e o princípio do respeito a tudo isso. Deste modo, os futuros cidadãos se dispunham em um âmbito onde se respirava o futuro: relações de poder, exclusões, inclusões, preferidos, condenados, esforços para perseverar e triunfar no tempo futuro, para "ter um futuro", para "ser alguém" que se devia distinguir do "um a mais" etc. Para experimentar aquilo que, de maneira geral, continuaria ocorrendo em todas as organizações às quais deveria ingressar durante sua vida.

---

9. Recordemos que nos velhos boletins de qualificações a avaliação que o professor fazia do aluno se dividia em duas áreas: aplicação e conduta

Mas – insistimos –, o traço de equivalência contemporâneo, não importa qual seja a idade, aquilo que torna uns comparáveis com outros, é o fato de ser um "consumidor-consumível". Para os "consumidores-consumíveis" mediáticos, a idade não é assunto obrigatório. O mercado, ao propor os consumidores como sujeitos, acaba com a diferença de gerações[10].

Provavelmente, muitos pais novatos e suas crianças ingressam nas escolas com esta subjetividade, isto é, com estas representações e com estas lógicas: nenhum deles se considera igual aos demais perante as normas que a escola precisa impor; ou estas são sensivelmente ignoradas por estes sujeitos. Talvez um dos mal-entendidos consista no seguinte: a partir da perspectiva da Escola, o sujeito que fala ao aluno ou aos pais do aluno, é o professor. Para o consumidor, a escola é mais um prestador de serviços.

Ponderando sobre essa afirmação, podemos nos perguntar: quem unifica a simultaneidade no consumo? Quem é o que consolida e nivela os sujeitos neste traço?

## Representações? Percepções? Sensações?

### *O Show de Truman* é real

Observemos os consumidores-consumíveis que se encontram hoje nos estabelecimentos escolares. Aparentam – partindo da visão moderna – padecer de problemas com algumas de suas funções a respeito dos alunos de outrora:

- O conteúdo das aulas não lhes interessa e revela que não é um consumo nem um serviço de seu agrado, ou que os convenha;
- os tempos das aulas não se ajustam a seus hábitos de percepção;

10. Corea, C. e Lewkowicz, I. *Se acabó la infancia? Ensayo sobre la destitución de la niñez.* Buenos Aires: Editorial Lumen, 1999.

- seus períodos de atenção são muito curtos, demasiado breves para o que a escola reivindica, habituada a uma temporalidade própria dos tempos remotos;
- tudo isso lhes provoca rápido aborrecimento e distração;
- diante da primeira sensação de desinteresse, mostram-se impacientes por meio de diversas manifestações;
- resultam muito mais violentos do que aqueles que os profissionais da educação estavam acostumados a receber. Poder-se-ia dizer que manifestam impulsos ou fobias que se revestem de gravidade, ou que sofrem de hipercinesia.

Advertimos para dois fatores práticos – pelo menos – para a consolidação da subjetividade do "consumidor-consumível" produzido pela Indústria Cultural (*massmediático*): a- uma operação e b- uma lógica.

*A operação*

Os processos de mediatização da comunicação de massas têm reordenado, sob a figura e a prática do consumo, aquilo que, para a modernidade, tinha outra ordem, "invadindo e confundindo os planos, níveis e categorias que antes foram os habituais, criando misturas de gêneros e reformulando outros com resultados de feitio, originalidade e qualidade muito diversos"[11] com o propósito de promover o consumo na maior velocidade possível. Vemos assim que o mercado se afirma recorrendo a uma hegemonia indicativa que orienta a percepção, neste caso, para o consumo direto. Deste modo, produzindo representações de como se é na atualidade e de como se espera que se seja, isto é, impondo novos ideais ("o" *fashion,* "o" vencedor), forja a cultura e, ao mesmo tempo, determina políticas. O único valor inculcado é o do consumo. Qualquer outro é um derivado, efeito impensado da necessidade de consumir e de se fazer consumível. Poderíamos dizer que quanto à origem dos ideais, o marketing produzido

11. *Levinsky, Roxana*. Literatura, Antropología y Otredad: El lenguaje de la Identidad, la Alteridad y la Diversidad. Mimeo. Buenos Aires, *2002*.

pela indústria cultural (*massmediático*) é para a subjetividade contemporânea aquilo que a Família e a Escola foram para a subjetividade cidadã. Mas, de acordo com o mercado, diferentemente destas duas instituições sujeitas ao Estado Nacional, esta operação se realiza sem proteção, sem organização social e sem nada similar àquilo que se costumava entender por ideologia.

A televisão e a Internet, mediadores por excelência, cumprem esta função de maneira fundamental.

Em seu livro *Historias de América Latina*, Gianni Milà, jornalista e dirigente da RAI, demonstra que os meios de comunicação de massa consideram o espectador apenas como um cliente. No prólogo, sublinha o sentido último e prático dos meios. Diz:

> os sociólogos definem a televisão como 'só atenta ao sentido'. (...) no mundo das finanças ou do comércio querem que os programas sejam somente um instrumento para induzir as pessoas ao consumo ou ao consenso de quem é [o] mais poderoso.(...) na distribução da página ou na rotina dos noticiários televisivos prevalece, por conveniência ou por medo de estar fora da tendência, o que está na moda, o que em teoria faz que se venda, e que, em definitivo, esconde sempre quem detém o poder econômico e político[12].

Mais adiante acrescenta:

> Surpreendentemente, o tempo, que no mundo dos meios de massa crê correr para frente, deteve-se. Agora, talvez, os critérios são menos brutais, mais sutis. Agências pagas com parcelas de milhares de milhões pelos grandes centros da economia neoliberal, que condicionam homens e governos, espalham pelo mundo notícias verossímeis que, muitas vezes, não conseguem ser verificadas (...) antes de pô-las por escrito numa página ou lê-*las* diante de um microfone[13].

12. Minà, Gianini. *Historias de América Latina. Prólogo.* Buenos Aires: Editorial Sudamericana, 2001, p. 13.

13. *ibid, p.* 14.

E depois denuncia:

> Na época da comunicação sem fronteiras, para muitos operadores (ou manipuladores?) da informação, o público, o leitor, o espectador 'sempre tem, no máximo, a inteligência de um menino de onze anos', como disseram os mordazes funcionários da RAI cristã-democrata, a do mítico diretor geral Ettore Bernabei (...)[14].

*A lógica*

O mercado tem sua própria lógica, a que chamamos de *lógica do fluido*[15]. Uma de suas características é a velocidade e o imediatismo nas reações. Este traço determina que, no tempo do fluido, fique impedida a possibilidade de que se possa produzir uma reflexão profunda da organização sensorial que, por sua vez, configura representações perceptuais ligadas a uma temporalidade com referências ao passado e ao futuro. Neste meio fluido, nenhum cenário é estável. Por isso é que também não é necessário buscar a orientação. Em qual espaço? Em que tempo?

No fluido se flui. Na rapidez, as percepções mediáticas dos tempos neoliberais, sem categorias nem critérios, organizam-se como configurações que propiciam modos de ser que transitam pela superfície. Assim, os estímulos apelam mais aos impactos nos sentidos de um modo primário do que para organizar uma representação, ou melhor, uma percepção interpretada. Aquilo que se consegue configurar transita entre uma sensação e uma percepção, sem produzir sentidos. Sem o tempo necessário para processar as entradas (os *inputs*), remete-se melhor a uma repetição de ações cujo único objetivo se refere – muito mais do que a produzir significações – à necessidade de ocupar posições entre os "vencedores" e a não ser um excedente desnecessário da economia neoliberal. Deste modo – para este tipo de subjetividades, em indivíduos de qualquer idade –, as resoluções pertencem à categoria da reatividade perante a categoria das decisões tomadas como efeito do pensamento reflexivo.

---

14. *ibid.*
15. *Del fragmento a la situación. Ibid.*

Como produto da celeridade na fluidez, a visão e o ouvido operam nestes sujeitos com base em uma cadência diferente à acostumada em tempos remotos. Com base neste terreno, e com este ritmo, também estes sujeitos (sejam eles pais, crianças ou adolescentes) percebem e falam, se é que conseguem utilizar a linguagem para um intercâmbio.

Falemos nós, então, da função de alguns dos sentidos do ser humano.

## A visão

### O que se sente? O que se vê? Como se pensa?

O bebê humano, diferente das crias de outras espécies, não pode se amparar sozinho; para se afirmar no espaço é imprescindível que ele seja amparado. Na mesma ação de ampará-lo é que aparece a conduta da afeição. Partindo do complexo combinado da visão-tato-olfato-sinestesia como fundamento, inicia-se a troca tanto dos afetos como dos intercâmbios gerais com o mundo ao qual o bebê chegou. Vemos assim a importância dos sentidos no intercâmbio e na inserção social desde o início da vida devido às impossibilidades que o "filhote" humano apresenta. Precisamente, é a partir deles que o bebê se identifica, aprende, imita, suas representações são organizadas e ele se instala na cultura. Ocupar-nos-emos agora da visão.

Para os espectadores, a visão é um dos sentidos mediante o qual se consolida a conduta de afeição ou acolhimento. A visão, então, serve para sustentar-se e habilita o novo ser humano a iniciar todo o intercâmbio e a consolidação dos laços com seus provedores, pertençam estes últimos a uma família, ou não.

A visão aglutina muito do que depois se expande pelo aparelho motor e a língua: sem deslocamento, nem linguagem, o bebê – com sua visão – convoca, evita, participa, ama. Sua visão é a ferramenta para a imitação em virtude das identificações amorosas: o sensorial se enlaça ao afeto e à motricidade.

A visão fica integrada a todas e a cada uma de suas experiências. Para o bebê, a amamentação é a situação na qual a sensualidade promovida pelos sistemas sensoriais conforma uma totalidade: o bebê procura o peito e o leite; mas também – no mesmo ato – a visão, o sustento, o contato com a pele, a temperatura, a suavidade e o investimento olfativo e auditivo do corpo e da voz materna. Ao reconhecer essa suavidade, esse gosto, esse calor, esse cheiro e essa voz estas sensações se elevam à configuração de representações perceptuais e marcas mnêmicas. As visões se refletem nas diferentes experiências, figurando e fundando realidades: "isto é"; "isto sou".

Não nos ocuparemos em assinalar as teorias[16] que, partindo da Psicanálise, se ocuparam do rosto da mãe de um bebê e mostraram a importância dos gestos dele – como espelho para o filho – na construção e na valorização de si mesmo como existente e para sua própria formação do *eu* (self). De acordo com estas teorizações, e como dedução das mesmas, a visão resulta essencial. Conhecemos também o poder da visão para os psicodinamismos básicos de introjeção e, portanto, para as aprendizagens. A noção de entonação (*entonamiento*), de Daniel Stern, tem também a ver com os sentidos; entre eles se inclui a visão: uma espécie de junção ou sincronia emocional que se produz a partir dos mesmos.

Se a visão se torna uma ferramenta tanto de ligação como de auto-reconhecimento[17], o que ocorre quando se desliga do contato direto

---

16. Teorias das quais o mercado usufrui.

17. "Suponhamos agora que o objeto que se oferece à percepção seja parecido com o sujeito, a saber, um próximo. Neste caso, o interesse teórico se explica sem dúvida pelo fato de que um objeto como este é simultaneamente o primeiro objeto-satisfação e o primeiro objeto hostil, bem como o único poder auxiliador. Com o próximo, então o ser humano aprende a discernir. É que os complexos de percepção que partem deste próximo serão novos e incomparáveis – p. ex., seus traços no âmbito visual –; em compensação, outras percepções visuais – p. ex., os movimentos de suas mãos – coincidirão dentro do sujeito com a recordação de impressões visuais próprias, em um todo semelhantes, de seu corpo próprio, com as que se encontram em associação às recordações de movimentos por ele mesmo vivenciados. "*Proyecto de Psicología* (1950[1895]) pp. 376-377. *Sigmund Freud. Obras Completas.* Tomo I. Buenos Aires: Amorrortu, 1986.

com um ser humano[18]? Que fenômeno sobrevem quando a visão se detém indefinidamente perante um vidro que, em certo caso, talvez reflita e apresente a imagem de um rosto humano (a tevê) ou em outro, talvez só pálidas evocações espasmódicas de uma voz, na velocidade dos *chats*? E o que ocorre a esta visão durante as incontáveis travessias por um mundo virtual que só faz alusões às realidades? Em suma, o que ocorre a um sujeito conectado com as imagens mediáticas[19]?

## Visões mediáticas

### "Ai professor! Não estudei porque fiquei empolgado com *Rebelde way*!" (novela argentina dedicada aos jovens)

Observemos uma criança, um adolescente ou um jovem perante uma tela de televisão vendo os programas especialmente projetados

18. Pablo e Javier são dois colegas de escritório. Trabalham com gabinetes computadorizados, a um metro um do outro. Sendo assim, Pablo e Javier se encontram a um metro de distância. Cada um está conectado com seus próprios fones a seu PC e escutam a música de seu agrado: um *rock* e o outro música clássica. Para fazerem consultas a respeito de assuntos profissionais, não tiram seus olhos da tela do computador: empregam um programa de mensagens instantâneas e "dialogam" dessa forma.

19. Em relação a este fenômeno demonstra Betty Svartman: "Diferentemente do que ocorria então, hoje, aquilo que se passa em "outros mundos" faz-se simultaneamente presente como imagem, som, relato. A cena outrora apenas possível em fantasia,apresenta-se diante dos sentidos. Não se faz necessário sonhar, diante dos sentidos. Essa presença concreta da informação até nos rouba a liberdade de fazê-lo. O espaço reservado para o sonho tende a ser violentamente invadido. O espírito desbravador dos navegadores, hoje produz demoradas navegações pela Internet. O aprender com a experiência passou a ser, muitas vezes, sinônimo de saber manejar um aparelho eletrônico. A ansiedade, a frustração e a realização são mais freqüentemente vivenciadas em relação ao desempenho da máquina, do que em experiências intersubjetivas. (...) Os aparelhos eletrônicos e a presença ininterrupta da mídia incorporados em nosso cotidiano, quase como próteses implantadas ao nosso próprio corpo, nos dificultam discriminar nossa dimensão real." Svartman, Betty. *Universo sem fronteiras, existência sem limites. Um tempo de pânico?* III Congresso de Psicanálise das Configurações Vinculares – II Encontro Paulista de Psiquiatria e Saúde Mental. Brasil, 1999.

De maneira diferente ao que ocorria então, hoje aquilo que ocorre em outros mundos se faz simultaneamente presente como imagem. A cena outrora apenas possível na fantasia, apresenta-se aos sentidos. Não se faz necessário sonhar. Essa presença concreta da informação até nos rouba a liberdade de fazê-lo. O espaço reservado ao sonho tende a ser para eles, ou perante os *reality-shows*. Observemo-los navegando em liberdade pela Internet, vendo tudo o que ali se oferece. Estando em conexão com a tela e em sua solidão, no entanto, dali o observam, convocam-no, instruem-no com consignas, falam-lhe! Por um lado, o espectador sabe, é consciente de que olha um aparelho e de que o manipula; no entanto, sendo este aparelho real, ao associá-lo ao sentido do tato, ao mesmo tempo se crê visto e requerido pelas imagens que o "olham" a partir da falta de transparência da tela. Os produtos mediáticos contemporâneos constróem um destinatário que tem presença real e participativa no que ocorre na tela. Parecem sugerir ao espectador a ilusão de ser co-proprietário presente e ativo daquilo que se apresenta com o propósito de que apareça como imagem no monitor: o espectador é cúmplice, decide sobre as vidas das imagens que estão na tela (sob a crença de que são seres reais?); estabelece prêmios e castigos; supõe que prescreve e determina que tais imagens ali continuem, ou que desapareçam; escolhe "em liberdade" – fundido nos sinais que recebe – etc. A ficção se confunde com a realidade. O *reality* é real. A imagem no vidro, o vidro mesmo, confunde-se com a vida e com a carne humana.

Se em todo "discurso estabelece-se um duplo laço social ao se postular um leitor duplo (espectador ou receptor), que para dentro reafirma uma identidade e para fora define uma diferença, que co-produz sentido e interpreta mediante os reconhecimentos, oposições e discriminações que lhe atribuem um pertencimento e um antagonismo"[20], que operação realizam os discursos mediáticos com a subjetividade do espectador? O que produzem a Internet e a televisão com o consumidor navegante? Podemos propor que apaga a diferença entre espectador e participante, entre o observador e o habitante. Tomemos um exemplo.

---

violentamente invadido. O espírito dos navegadores hoje produz demoradas navegações pela Internet. O aprendizado da experiência passou a ser, muitas vezes, sinônimo de saber manejar um aparelho eletrônico. A ansiedade, a frustração e a realização são mais freqüentemente vivenciadas em relação ao desempenho da máquina do que com experiências intersubjetivas. (...) Os aparelhos eletrônicos e a presença ininterrupta dos meios incorporados à nossa vida cotidiana, quase como próteses implantadas em nosso próprio corpo, dificultam-nos a discriminar nossa dimensão real.

20. Levinski, R. *Ibid.*

*A Pegadinha de Tinelli* (*Jodita de Tinelli*) foi um sucesso na televisão argentina. Trata-se de fazer com que uma pessoa fique desesperada atacando-a em sua subjetividade. Para isso, conta-se com a conivência de alguém muito próximo e de confiança da pessoa e que a introduza nesta situação, ficcional para todos os que estão ao seu redor e para os telespectadores, menos para ela. Quando o desespero chega a um clímax no qual o sujeito despe os elementos mais primitivos de si mesmo em sua defesa, ele é tranqüilizado ao descobrir a situação. Para o suposto alívio total e para a recomposição subjetiva, é lhe permitido xingar o motorista. Finalmente, a produção o premia de forma material. Além disso, ele aparece na televisão! Poder-se-ia supor que se o indivíduo "que caiu na pegadinha" não admitisse o prêmio ou não se alterasse, essa situação não seria editada nem emitida.

Desta maneira, na entidade *Jodita de Tinelli* (*A Pegadinha de Tinelli*) cria-se uma ficção partindo de uma situação real. No entanto, a posição perante a ficção não é recíproca para dois dos termos: com o que termina como vítima da "pegadinha" e com o espectador. Para a vítima da "pegadinha" não resulta uma ficção, portanto reage como frente a uma situação real. Partindo da ficção, produz-se uma situação destituinte do sujeito que reage, como se fosse real. Ao mesmo tempo, a confabulação com o espectador é efetivamente real. No entanto, quem faz a "pegadinha" é a tevê, e não o espectador. Esta cumplicidade oferece a ilusão de que o próprio sujeito que olha a televisão a está produzindo; de que se é habitante em lugar de espectador distante e anônimo; de que se está na intimidade e não de que se é "público". Outro tanto ocorre com as votações telefônicas dos *reality-shows* que parecem ser decisões reais às quais o espectador é convocadoetc.

Ilusoriamente, poder-se-ia dizer que, partindo da tela, o espectador se coloca como produtor, e que este também lhe outorga investidura ao aparelho mediático, como se fosse ouvido por ele em suas necessidades quando, na realidade, a produção mediática é quem as cria. O espectador se encontra com algo (ou alguém?) com solicitações, mas sem demandas, que consegue "acompanhá-lo' e "compreendê-lo". Mas se sua vida se detém e se concentra na navegação ou num *reality-show*, o sujeito mediático carece da prática de se confrontar com a vida em si mesma e aprovisionar experiências nas quais deva resolver situações reais ou decidir dar uma resposta pertinente em cada circunstância. O sujeito mediático carece de respostas contingentes diante de um ser humano. Em compensação, certamente as tem com o *mouse* ou com o controle remoto na mão.

Tínhamos destacado a importância da visão para o bebê humano. Agora, comprovou-se que quando a visão humana desaparece ou ainda que perante algumas frustrações a solicitações de visões, os bebês desistem da busca desta interatividade e se interessam por objetos inanimados. Pela experiência da rotina mediática, ou pela experiência do desencontro entre pessoas, instala-se nos sujeitos "consumidores-consumíveis" mediáticos uma espécie de evitação de contato real que pode ser interpretado com base em outra perspectiva, como uma incompreensão do sentido para o encontro humano. Deste modo a afeição, o apego ou a ligação não ocorrem na realidade, e essencialmente com corpos humanos.

Embora ainda não esteja pesquisada a relação geral destas crianças com seus pais durante o primeiro ano de vida, sempre sustentamos, com base na Psicanálise, que neste período se potencializam tanto os modos de funcionar do psiquismo como dos afetos em interação com seus progenitores, ou com os adultos responsáveis. Considerou-se que estas vias e estes afetos se fixam, e que o sujeito os utiliza para sua auto-regulação afetiva e sua intelecção. No entanto, percebem-se dois elementos que, sendo avaliados, poderiam comprometer aquela afirmação como absoluta: 1) não estão ponderadas as forças sociais que, pela intensidade que têm na atualidade, devido ao pânico pela expulsão radical, podem chegar a liquidar ou a confinar as identificações e as tendências humanitárias que prosperaram nas relações familiares. Este temor, a não ser considerado nos âmbitos sociais, é um dos fatos que sujeita os "consumidores-consumíveis" mediáticos aos aparelhos que se transformam numa referência comum através de programas e jogos; e 2) na modernidade, a continuidade dos funcionamentos e dos afetos partindo do lar ao meio social só podia ocorrer em solo sólido e estável, onde instituições como a família, a escola e o trabalho estavam ligadas em coerência e continuidade temporária. Este encadeamento se desmantelou: hoje, as intelecção, os afetos e os comportamentos deverão ser situacionais e os personagens institucionais deverão transformar-se em habitantes dessas situações[21].

## Regulando a Ritalina

Descrevamos, então, as visões dos "consumidores-consumíveis" mediáticos:

- têm a velocidade como característica essencial, pela razão de capturar rapidamente uma imagem;
- a força sensorial desta imagem marca uma direcionalidade imediata de comportamento;
- mas se não chegasse a ter velocidade nem variedade no estímulo, a fadiga visual é limitante;
- o que provoca a falta de razão da detenção da visão;
- isto promove o fato de que a atenção se concentre somente para tempos mínimos;
- e de que a percepção seja mais estimulante das sensações do que dos processos ideativos;
- por isso, e como efeito destas visões, os tempos de reação (reações) tornam-se exíguos, pois ao suspender a conexão

21. "... o habitante é quem converte o fragmento em situação. Dito de outro modo, é o tipo subjetivo que faz da situação da qual faz parte um mundo. A transformação de uma situação em um mundo exige a demarcação dos termos que serão de partida. Em outros termos, implica a produção de um espaço e um tempo (...) o ponto de partida de um habitante não são os lugares instituídos senão os fragmentos destituídos. Justamente por isso, habitar um espaço é determiná-lo. E, para determiná-lo, é preciso construí-lo. Desta maneira, habitar – em condições de fluidez – é sinônimo de construir." *Del fragmento a la situación. Notas sobre la subjetividad contemporánea. Ibid.*, p. 101.

visual, surgem os movimentos de incômodo que parecem relacionados à impulsão, à violência ou à desconexão *("penduram-se")*.

Perante este panorama, não se pode avaliar ainda se, nestes sujeitos, há um maior processamento neurológico em paralelo ou se, pelo contrário, existe um déficit no processamento com respeito aos comportamentos anteriores aos quais as instituições que apoiavam suas operações nas funções mentais mais elementares – como a Escola – estavam habituadas; referimo-nos àqueles funcionamentos e às medições "normais" – e seus comportamentos associados (por exemplo, X tempo de atendimento, tal tipo de cor, etc.) – que foram imprescindíveis para o movimento articulado dos sujeitos institucionalizados durante a modernidade.

Deste modo, vemos que a visão mediática tem a experiência de estar conectada em relação a duas dimensões, e não a três, tanto no que se refere a objetos como a corpos humanos virtuais. Sem a profundidade da tridimensionalidade e sem o vínculo ao tempo como categoria, os sujeitos mediáticos perderam a possibilidade de representar uma temporalidade diferente do tempo presente: estão habituados a viver numa presentificação permanente e velozmente mutante. O "normal", para eles, é outro tempo e outra aproximação daquela que a Escola propõe. A partir do estatuto desta nova temporalidade, para os "consumidores-consumíveis" mediáticos, a escola não é um trânsito para algo futuro partindo de nenhuma história prévia: é o que vem, é só o lugar onde estão, é o que vivem[22].

Em virtude do tipo de percepção e de atendimento antes aludidas, estes sujeitos, na escola, ao não poderem realizar o *zapping* para mudar a imagem com um controle remoto ou um botão, efetuam mudanças velozes com o corpo, como se este fosse o aparelho que

22. "*Os tempos mudaram. A reputação já não é levada em conta. Serve apenas o que você acaba de fazer hoje. E tire o dedo! Talvez já não sirva e estejas em perigo de não servir tu!*" (*Detective Frost*). Poderíamos dizer que a relação tradicional dos tempos passado, presente e futuro durante a modernidade é o que mudou radicalmente na construção da temporalidade contemporânea. (Note-se que a citação foi tomada de um programa de TV a cabo.).

substitui imagens, que alterna a visão e, então, o ambiente. O movimento muscular herda o mecanismo mediático e, ao mesmo tempo, o suplanta.

É assim que poderemos então sustentar que a visão que corresponde à lógica do fluido é aquela que tem as características mediáticas; e vice-versa: a lógica correspondente às visões mediáticas é a lógica do mercado, que as produz.

Se as exposições frente ao vidro de uma tela e às imagens que ali se suscitam são tão prolongadas na vida de um sujeito contemporâneo; se nossos jovens estão essencialmente mediatizados, quais são os produtos efetivos de suas visões, de suas percepções visuais? Como se vinculam?

## Nossa tese

### "Me incomoda"

"X" é aluno de 4º grau. Um menino passa perto de sua cadeira e lhe roça o braço com uma pasta. "X" se levanta intempestivamente e o golpeia. Quando conseguem acalmá-lo, perguntam-lhe por que agiu assim. Responde: "porque me incomodou".

"E" é aluna de uma escola secundária. No meio de uma aula, xinga uma professora um pouco obesa. Por que fez isso? Diz: "porque ela fala devagar, é gorda, e me incomoda".

"Z", de 1º grau, empurra e tira de uma cadeira uma colega para poder fazer, ele próprio, o que ela pretendia: escrever a data no quadro-negro. A professora pergunta por quê. Ele responde: "porque me incomoda".

"J" faz gozação e começa a empurrar uma colega tímida e desalinhada até que a faz cair. Também assim explica: "porque" me incomoda.

Ao intervir nos grupos com impedimentos em suas relações ou ainda que diante de complicações nos vínculos, observa-se invariavelmente que os alunos oferecem um único e, para eles, legítimo argumento: "me incomoda". Que sentido tem este pequeno enunciado?

Nossa tese é de que, para *os* consumidores-consumíveis produzidos pela indústria cultural, é difícil conceber a presença humana e suas manifestações.

Partindo da concepção humanista do século XX, Freud propôs a noção do complexo do semelhante para estabelecer a importância da repressão primária e a distinção perceptual entre o humano e o não-humano por um lado, e a função perceptual do parecido e do diferente por outro. Segundo Freud, é a partir do reconhecimento do semelhante que pode aparecer "o outro", e "o diferente".

No entanto, na atualidade, percebemos que os inconvenientes e os obstáculos na aproximação de um ser humano a outro não se explicam pela falta de consideração da alteridade. Não se trata de conceber as categorias do particular e do diferente. Aquilo que para os professores fica enunciado como dificuldades não versa sobre a singularidade ou a pluralidade, nem sobre a diversidade. Não resulta da intolerância perante uma ruptura conceitual, ou perante a violação referida a uma incoerência entre passado e presente. Não provém da intolerância às diferenças. Trata-se, singelamente, da impossibilidade de conceber uma presença humana tal como estávamos habituados a considerá-la, e tal como o funcionamento escolar a supõe para atingir as operações que se propõe. Para os "consumidores-consumíveis" mediáticos, os gestos espontâneos e reais de outros seres resultam inesperados, porque se apartam dos cânones das imagens do incondicional vidro de uma tela e, então, também se afastam tanto da bidimensionalidade como da eficaz manipulação que se pode fazer com um aparelho.

A noção de *temporalidade* foi concebida na modernidade como a dimensão histórica que inclui um passado e uma projeção futura. Os adultos que estão habituados a este modo de olhar captam uma representação perceptual dessa temporalidade, que permite a reflexão, a categorização e o pensamento. No entanto, a visão contemporânea dos "consumidores-consumíveis" mediáticos é radicalmente outra.

Falar de *duas dimensões* implica referir-se a uma *imagem*, ainda que em movimento. E uma imagem não pode sentir dor, irritação, pena, nem – talvez – medo. Dá a impressão de que estes sujeitos não conhecem o que é a tristeza, nem o sofrimento alheio; talvez também não conheçam o próprio, já que não existe outra denominação para nenhum sentimento que vá além do incômodo[23]. Talvez desconheçam o amor, tal como era concebido em tempos remotos. Só se evidencia neles o incômodo que provoca a ruptura de uma sincronia preconcebida com o mundo desde a visão mediática[24].

No entanto, é possível inferir uma fonte de sofrimento destes sujeitos mediáticos. Tratar-se-ia de relativa incerteza contínua e constante sobre as representações que se possam ter deles. Talvez se interroguem se, para as demais pessoas, também eles são só uma imagem em movimento. Ou se talvez os indivíduos que compartilham o âmbito no qual se encontram dar-se-ão conta de sua corporeidade.

Com base nesta derivação, é possível interpretar seus choques com diversos elementos e suas reações corporais intempestivas, como um recurso para o reconhecimento de sua existência como um ser real.

## As teorias

### As representações e o estímulo corporal

Retomaremos aqui duas afirmações teóricas que sustentam nossa tese. Uma delas se refere à teoria da representação. A outra provém da psicanálise.

A primeira postula que, a partir de um universo lógico, se constituem os elementos ontológicos. Estes termos, por sua vez, refletem sobre a

23. Esta idéia está verificada em outro tipo de situações empresariais, nas quais, por exemplo, um escritório em Buenos Aires é gerenciado a partir de uma central de Paris. A eficácia empresarial intermediada pelo monitor faz com que um sujeito seja representado só e unicamente como uma função dentro de um plano estratégico geral que está na mente de quem envia as instruções.

24. Este é um dos traços do quadro que, na psicopatologia, denominou-se *perversão narcisista*.

lógica que os produziu. Isto significa que, como efeito de experiências reais, as representações voltam a freqüentar e a produzir as experiências. No caminho inverso, as entidades materiais têm efeitos e derivações no campo representacional e refletem sobre as lógicas que forjam. Deste modo, os efeitos materiais tornam-se a condição da produção representacional. Trata-se de processos nos quais os elementos e as funções que estes processos produzem e os efeitos daquilo que produzem são imprescindíveis para sua produção e sua própria causa. Assim, as representações se produzem como efeito de experiências das que elas mesmas são condições. E os efeitos recíprocos e recursivos tornam real e material uma entidade a partir de uma experiência socialmente compartilhada ou denominada[25]. A expressão das experiências se implementa em uma operação de tradução: se as transcreve com os símbolos tradicionais pertencentes à própria cultura. Por isso, ainda que se possa crer que o objeto da experiência é idêntico, se ela se expressa de maneira diferente é porque se está em outra cultura. É com base também nesta diferença que o objeto é representado – e então percebido – de maneira diferente. Assim, desde os fenômenos e os elementos mais primários da natureza, até os objetos históricos materiais – como as instituições – de uma mesma sociedade, são passíveis de ser percebidos de maneira diferente por gerações diferentes sobre a base de uma experiência social compartilhada. Só se poderia presumir uma identidade ou grande semelhança representacional nos imaginários sociais, quando entre os mesmos fenômenos, elementos e objetos que estão presentes na história comum transitam experiências idênticas ou muito semelhantes. Deste modo, poder-se-ia dizer que, ainda que se usem as mesmas palavras, uma subjetividade cidadã e uma subjetividade consumidora-consumível mediática falam idiomas diferentes. E ao usar as mesmas palavras, os mal-entendidos são maiores.

Que ocorre com as experiências, os hábitos do próprio corpo e suas sensações? Sem dúvida, as representações do mundo de um

25. Na realidade, os enunciados se entendem como uma categoria especial da ação. Para a extensão deste conceito remeto a *La Representación. Del paciente y del terapeuta en la sesión psicoanalítica. Ibid.*

sujeito, e suas práticas sobre ele, não poderão ocorrer senão sob o modelo representacional que estas ações e sensações lhe tenham promovido e lhe continuem suscitando.

É assim como, por outro lado, temos as teorias psicanalíticas nas quais algumas correntes têm como pressuposto a existência de uma verdadeira analogia entre a experiência corporal e a que se vive como a experiência social. Por exemplo, uma experiência X com a analidade poderia condicionar uma relação com o mundo de comportamentos muito avarentos, de teimosia e de extrema necessidade de ordem etc[26]. Outro exemplo é que pode ter uma fobia ao vôo das borboletas por ter sido o sujeito em questão uma excitada testemunha do comércio sexual dos pais. Associando ambos os movimentos[27], coito-vôo, é que apareceria a angústia. Nos tratamentos psicanalíticos se podem detectar interesses sociais e vocacionais relacionados com representações, efeito de experiências corporais[28].

Finalmente, poder-se-ia dizer que os elementos de ambas as afirmações (os referidos ao corpo, às representações, às denominações e à experiência) se intercondicionan. Este é o modo de acordo com o qual é possível conceber a visão mediática.

## Da "Escola" a "uma escola"

### Mais uma "promoção"

Stephen J. Ball, sociólogo da Universidade de Londres, postula que se produziu uma revolução mundial silenciosa à qual se chamou

26. "... nas produções do inconsciente – ocorrências, fantasias e sintomas – os conceitos de cocô (dinheiro, presente), filho e pênis se distinguem com dificuldade e são facilmente permutáveis entre si. (...) são tratados no inconsciente como se fossem equivalentes entre si e pudessem ser substituídos sem alterações uns pelos outros. Freud, S. (1917). *Sobre las trasposiciones de la pulsión, en particular del erotismo anal.* Buenos Aires, Amorrortu Editores, 1988, p. 118.

27. Freud, S. *De la historia de una neurosis infantil (el "Hombre de los Lobos")* (1918 [1914]). Buenos Aires: Amorrortu Editores, 1988.

28. A escola inglesa de Psicanálise aprofundou esta última idéia.

"globalização". Promovida pelo mercado e afirmando e impulsionando a crença de que o mercado é a solução para o sistema público, todas as políticas sociais se alteraram radicalmente. Entre elas, as políticas educativas. Perante as utopias: "os números fecham" ou então "as contas não dão", os intelectuais do mercado promoveram uma mudança não só na governabilidade senão na importância da sustentabilidade ou – simplesmente – da existência social dos seres humanos que não consomem, nem daqueles que não lhes interesse – ou não podem – apresentar-se como consumíveis.

Neste momento, existem no mundo provedores mercantis de educação formal aos quais o Estado apenas monitora, supostamente, com o propósito de 'vigiar' para que o serviço seja realizado. Assim, há cadeias de escolas, tanto nos Estados Unidos como na Inglaterra, que possuem ações na Bolsa. As escolas têm os seus ranqueamentos. Deste modo, há economistas (se os consome) e consumidores que afirmam idéias sobre a educação. Sob este regime, a escola, sem cobertura estatal, fica proposta como um negócio a mais que compete pela captação de consumidores para fazer-se a si mesma consumível e não desaparecer como entidade no mercado. Este fato gera tribulações éticas nos professores a respeito da admissão dos alunos que carecem de ajuste aos requerimentos escolares ("Não sei como os admitem: estes garotos não podem estar numa escola. Eles se comportam muito mal!" Ou então: "Como os deixaram passar de grau se não sabem nada? Como chegaram até aqui?!").

Desta maneira, a instituição escolar já deixou de ser unívoca: se antes uma escola era A Escola, na atualidade uma escola é *cada* escola. Sem a presença de uma produção geral, do Estado Nacional, cada escola terá de determinar como e com que constituir-se a si mesma e aos indivíduos que a freqüentam.

Se cada escola se propõe constituir-se agora, esta vez – e não só por pura impossibilidade – sem uma agência exterior a si mesma que a determine, terá de pensar que subjetividade se propõe forjar. Sendo que as características do "consumidor-consumível" mediático são a velocidade e o cansaço rápido da percepção junto à ação do *switch* corporal, deverá saber que conta com subjetividades que impulsionam irremediáveis tendências destituidoras para as atuais propostas escolares e que também não toleram que tenha quem as siga e as sustente.

Resumindo: se as escolas se fundam:

- na identidade "aluno" – quando esta variou;
- na assimetria adulto-criança – uma relação que se desvaneceu para muitos de seus concorrentes;
- na obediência e o respeito às normas – num contexto no qual as experiências sociais de todos seus habitantes não correspondem àquelas;
- na postergação dos benefícios para o futuro, como recompensas e posições sociais – apesar de que a realidade desmente estes fatos;
- no apoio das famílias para que a escola de outrora siga em pé – ainda que os pais das crianças que lhes trazem aflições à escola não diferem significativamente, em suas concepções, de seus filhos;
- os saberes concentrados na figura do professor.

Diante de tudo isso, deveremos reconhecer que o dispositivo escolar tradicional está com problemas.

## O processo de escolarização

### A ternura, o amor, a intimidade

Humberto Maturana postula os fundamentos de uma disciplina que chama de "biologia do amor e da intimidade". Os humanos – diz – pertencem a uma linhagem que denomina neotécnico(*neoténico*). Em suas palavras: "nós pertencemos a uma linhagem definida pela conservação da progressiva expansão das características da infância na vida adulta (...) Certamente, não é a infância ou a meninice propriamente que é expandida, senão o que tem lugar é uma transformação na qual as tarefas do adulto são progressivamente realizadas por indivíduos que retêm mais e mais características infantis.(...) este processo neotécnico implicou (...) a conservação de traços anatômicos e fisiológicos da infância na vida adulta das dinâmicas relacionais próprias da relação materno-infantil, que normalmente só se dão na infância em outros mamíferos." [29]

Por este motivo, o amor se apresenta na linhagem humana de um modo singular, com comportamentos diferentes dos outros mamíferos. "O amor,(...) é o domínio daquelas condutas nas quais o outro surge como um legítimo outro em coexistência com um. O amor significa aceitação mútua, e na relação materno-infantil, confiança e aceitação total da proximidade e contato corporal do outro, de qualquer sexo (...).Os seres humanos modernos são animais dependentes do amor em todas as idades, e pensamos que isto é assim devido a que o amor foi conservado em nossa linhagem como uma característica neotécnica".[30]

Deste modo, podemos dizer, com Humberto Maturana, que as diferenças essenciais do ser humano em relação aos chimpanzés ou outros mamíferos pertencem ao domínio do emocional[31].

O amor se produz, na linhagem humana, como dinâmica relacional por contato sensual, interativo e recursivo prolongado. Ali reside o prazer pela convivência. De maneira que ao falar do amor, não nos referimos só a uma emoção subjetiva paralela ou divorciada de ações concretas, senão que falamos de práticas, de experiências e de condutas visíveis. É este o fato que produz o sentimento de confiança estável[32].

29. Maturana, Humberto Nisis, Sima. *Formación Humana y capacitación.* Segunda Edição. Dolmen, Ensaio. Unicef, Chile.

30. *Ibid.*

31. Diz: O estudo da constituição genética dos humanos e dos chimpanzés mostra duas condições fundamentais: uma é que a linhagem que deu origem ao humano e a linhagem que deu origem ao chimpanzé devem ter-se separado de uma origem comum há cerca de não mais de cinco ou seis milhões de anos atrás; a outra é que a comparação dos ácidos nucléicos dos chimpanzés e dos humanos mostra que diferem em menos do 2%." *Ibid*, p. 95.

32. Frans Waal, mencionado por Maturana, observou que os chimpanzés adultos cooperam em atividades agressivas. Também ali há confiança mútua e cooperação tanto quanto esta confiança, ou a imitação da confiança mútua dure. Diz: "A confiança mútua em uma profundidade de dominação e submissão é transitória". *Ibid.*, p. 110.

Em nosso país, e apoiando-se em Mauricio Chevnik, Alfredo Grande postula a instância de uma ternura primária. De que se trata? Diz:

> muito antes [de] que se constitua como amor de meta inibida, proponho o conceito de ***ternura primária como agressão de meta inibida***. (...) Esta ternura primária é uma contracatexia que inibe a descarga da impulsão de morte sobre o desamparado, o inerme, o indefeso. É uma função materna que permite que o protopai possa ter rompantes paternos. A contracatexia está sustentada pela energia do impulso de autoconservação que Freud denominara 'interesse'. É uma das atribuições do eu real inicial (...) A ternura primária é uma função análoga ao mecanismo de inibição da agressão intra-específica que descrevera Konrad Lorenz.[33]

Qualquer teoria resulta afetada pela precariedade do histórico e com um tempo de vigência social, vigência que não pode extravasar o tempo de vigência de suas condições sócio-culturais de inscrição de possibilidade. Neste roteiro, se o sentido histórico das afirmações de Humberto Maturana e de Alfredo Grande – que *criam a biologia do amor e a ternura primária* como entidades ontológicas – foi assinalar de que é próprio ao ser humano, tanto as escolas atuais como as teorias psicológicas terão de reconsiderar o amor e a ternura como enunciado teórico e como prática para a intervenção.

Estas teorias denotam o hiato que se formou na subjetividade contemporânea com respeito à concepção sobre o ser humano. Talvez, poder-se-ia entender ambas as teorias como um anúncio que assinala uma carência. Este requerimento está dirigido àqueles indivíduos cujo trabalho consiste em intervir e operar em forma direta na construção da subjetividade,indicando um cuidado que os novos tempos exigem ter[34]. Tratar-se-ia de uma aproximação diferente do que

33. Grande, Alfredo. "Ternura derramada". XXV Encontro de Discussão e XX Simpósio da Associação Escola Argentina de Psicoterapia para Graduados. Novembro, 2002.
34. "Subjetividades y Actualidad". *Ibid.*

se acostuma ter em épocas nacionais num contexto situacional, criado com o fim de oferecer possíveis contatos que incitem à ternura ou ao amor.

Ambas as concepções se aproximam da possibilidade de se entender a respeito do que deverá trabalhar para que comece a se formar em um sujeito "consumidor-consumível" mediático uma dimensão prática diferente de "humanidade". As condições que se oferecem para isso e o envolvimento das instituições e dos sujeitos a cargo delas será inevitável.

Pensar em um processo de escolarização para os "consumidores-consumíveis" mediáticos significa, em sua base, pensar a produção de uma subjetividade diferente dentro do âmbito escolar.

## Voltemos à escola

### Da instituição-destituição à constituição

Cada escola é uma situação[35] em si. Uma escola já não é o segundo lar. Mas também não é o shopping. A escola se constitui num lugar de encontro forçado de corpos humanos onde existem sujeitos com uma diversidade de objetivos; muitos mais do que o de consumir e fazer-se consumível. Ali, a visão e os movimentos de seres voltam a aparecer. Nestes contatos inevitáveis, o monitor, o vidro e o *mouse* não apresentam utilidade.

As novas práticas acarretam tempos, ritmos e reações que, por um lado, cada escola deverá contemplar; mas, por outro, o processo de escolarização e a vida na escola deverão inaugurar outros tempos e novos interesses. Surgirão então sentimentos insuspeitos, em outro tipo de experiências e de práticas.

A atividade associativa e conjunta introduz um tempo diferente: outros corpos, outros movimentos, outros ritmos com o interrogante incerto sobre se serão tolerados ou não pelas novas subjetividades. Mas este interrogante se aloja nos dois extremos: tolerarão os alunos

35. *Del fragmento a la situación. Ibid.*

a vida escolar? De outro lado, tolerarão os professores o ritmo e os interesses dos novos freqüentadores escolares? Poderão criar novos recursos para eles? Poderão modificar-se subjetivamente?

No espaço de uma escola, espaço de acesso e desenvolvimento da simbolização, a identidade da imagem luta com o tempo da produção simbólica. Cada escola já não se apóia numa organização que a ampare em seus propósitos. Cada escola se forja a si mesma forjando seus freqüentadores.

É assim que o *processo de escolarização* deve dar-se em duas direções: para os pretendidos alunos, mas também para o interior da escola mesma. Seus dirigentes não serão adaptados, nem resistentes, nem rebeldes; dever-se-á criar as condições para que cada estabelecimento escolar decida seus objetivos.

Se os trabalhadores da saúde mental que operam no âmbito escolar tinham estabelecido em sua percepção os fenômenos da exclusão-inclusão e a psicopatologia, na intervenção atual deverão incorporar os elementos acima detectados, localizando-os situação por situação.

O que aqui chamamos processo de escolarização implicaria então construir tempos e dimensões diferentes, criando condições práticas que tenham regras próprias. Para poder perceber o que se está produzindo será necessário suspender as representações prévias, aquelas que foram determinantes em condições nacionais. Cada nova situação escolar forjará sua própria temporalidade e determinará suas próprias condições.

Numa escola, concebida como situação em si mesma, a operação de subjetivação aparecerá nos pontos onde se estabelecem os fragmentos subjetivos dos alunos, farrapos de experiências que produzem segmentos de subjetividade. Trata-se de criar condições concretas de subjetivação para o trabalho, a reflexão, o pensamento e o amor tanto dos professores como dos sujeitos sob sua responsabilidade.

A decisão de criar uma escola como uma situação em si, é a possibilidade – por agora – para a constituição subjetiva tanto da entidade "aluno" como da entidade "professor".

Através da análise do que ocorre na escola estamos dando conta de um fenômeno mais amplo, a saber: uma mudança de lógicas e de representações na subjetividade contemporânea que se faz particularmente evidente numa instituição paradigmática da modernidade. Desde já, e em reciprocidade, será necessário perceber as alterações em todas as demais instituições. De acordo com a visão dos docentes tenta-se mostrar como se percebem, segundo a lógica e as representações modernas, alguns dos novos fenômenos que estão ocorrendo.

Assim mesmo, identificamos outra fonte e outro modo de padecimento dos tempos contemporâneos. Aparece um terror de ser considerado supérfluo no amor, nas ações políticas e nas condições trabalhistas junto com o sofrimento de ver-se tratado como uma coisa, e não como um ser humano[36]. E ao mesmo tempo existe – para alguns sujeitos – uma espécie de confuso desespero por não se reconhecer, nem reconhecer outras pessoas, nem ser reconhecido pelos demais, como uma entidade ontologicamente real.

## Referências bibliográficas

Corea, C. e Lewkowicz, I. *¿Se acabó la infancia? Ensayo sobre la destitución de la niñez.* Buenos Aires: Editorial Lumen, 1999.

Freud, Sigmund. *De la historia de una neurosis infantil (el "Hombre de los Lobos")* (1918 [1914]). Buenos Aires: Amorrortu Editores, 1988.

________. *Proyecto de Psicología* (1950[1895]). *Obras Completas.* Tomo I. Buenos Aires: Amorrortu editores, 1986.

________. *Sobre las trasposiciones de la pulsión, en particular del erotismo anal* (1917). Buenos Aires: Amorrortu Editores, 1988.

Grande, Alfredo. "Ternura derramada". XXV Encontro de Discussão e XX Simpósio da Associação Escola Argentina de Psicoterapia para Graduados. Novembro, 2002.

36. "Subjetividades y Actualidad". *Ibid.*

Grupo Doce. *Del fragmento a la situación. Notas sobre la subjetividad contemporánea.* Buenos Aires: Gráfica México, 2001.

*Levinsky, Roxana.* "Literatura, Antropología y Otredad: El lenguaje de la Identidad, la Alteridad y la Diversidad." Buenos Aires: Mimeo, 2002.

Maturana, Humberto e Nisis, Sima. *Formación Humana y capacitación.* Segunda Edição. Chile: Dolmen, Ensaio. Unicef.

Minà, Gianni. *Historias de América Latina. Prólogo.* Buenos Aires: Editorial Sudamericana, 2001.

Svartman, Betty. "Universo sem fronteiras, existência sem limites. Um tempo de pânico?". III Congresso de Psicanálise das Configurações Vinculares – II Encontro Paulista de Psiquiatria e Saúde Mental. Brasil, 1999.

Zelcer, Daniel M. Comunicação pessoal.

Zelcer, Mirta. *La Representación. Del paciente y del terapeuta en la sesión psicoanalítica.* Buenos Aires: Editorial Polemos, 2002.

________. "Subjetividades y Actualidad". *Revista Topia.* Buenos Aires, agosto 2002.

CAPÍTULO 5

# SEXUALIDADE: DA CURIOSIDADE À APRENDIZAGEM*

*Maria Cecília Pereira da Silva***

Apesar de todos os trabalhos desenvolvidos por Freud, no início do século passado, constatarem a existência da sexualidade infantil, da curiosidade natural das crianças a respeito de sua origem e das dificuldades emocionais decorrentes de não ter essas questões respondidas, alguns preconceitos e tabus têm impedido pais e educadores de informarem suas crianças.

Antes mesmo de nascermos, a sexualidade já está presente. Ela se inicia no exercício da maternidade, aliás muito antes, quando o embrião foi fecundado numa relação sexual, onde supomos que um casal experimentou o prazer. A partir do momento em que descobrem que estão esperando um bebê, inicia-se, no imaginário materno e paterno, a constituição deste sujeito. Isto é, começam a imaginar se será um menino ou uma menina, qual será a cor dos olhos, do cabelo e a construir expectativas sobre quem será. As marcas culturais da construção social da sexualidade, na montagem da identidade de gênero, já começam a ser impressas desde aí, no lugar a ser destinado ao futuro bebê.

---

*Parte deste artigo foi publicado no *Caderno Temático de Formação 1 – Leitura de mundo, letramento e alfabetização: diversidade cultural, etnia, gênero e sexualidade*. Autores diversos. Secretaria Municipal de Educação. Diretoria de Orientação Técnica – n. 1, São Paulo: SME/ATP/DOT, 2003.

**Psicanalista, Membro Efetivo e Docente da Sociedade Brasileira de Psicanálise. Mestre em Psicologia da Educação e Doutora em Psicologia Clínica pela PUC-SP. Membro Fundador do Grupo de Trabalho e Pesquisa em Orientação Sexual e do Instituto Therapon Adolescência (ONG).

A sexualidade segue sendo construída nas primeiras experiências afetivas do bebê com a mãe e com o pai ou com quem cuida dele. Agregam-se as relações com a família, amigos e as influências do meio cultural. Quando nascemos nossa percepção é toda sensorial e nosso corpo é todo sensorial. É pelo corpo que sentimos o mundo. Os primeiros contatos da mãe com o bebê no banho, na amamentação e todos os outros carinhos, as trocas de olhar e o ninar nos fazem sentir muito prazer e nos sentirmos vivos. Tudo isso vai compondo as primeiras sensações sensuais e será a base para o desenvolvimento da resposta erótica, da capacidade de construir os vínculos amorosos e do desejo de aprender. Esse prazer, se não nos "robotizarmos" demais com a vida adulta dura que vivemos, vai se manifestar num corpo todo erótico.

A curiosidade sexual é a principal responsável pelo despertar da aprendizagem. A curiosidade sexual e o desejo de saber se manifestam logo no início da nossa vida. Quando a curiosidade sexual não é atendida adequadamente pode desencadear dificuldades no processo escolar e no desenvolvimento afetivo e emocional. É por meio da curiosidade sexual que compreendemos de onde e como viemos ao mundo e isso nos leva a querer entender como é que funciona e o que são o resto das "coisas" do mundo. Assim começamos a conhecer e a pensar. Quando podemos levantar hipóteses, unir as idéias, construir teorias podemos pensar. Quando podemos pensar podemos conhecer e estabelecer relações afetivas. Os vínculos afetivos também são ligações que resultam do desejo de saber.

A sexualidade se manifesta ao longo de toda nossa vida. As manifestações da sexualidade da criança e do adolescente estão presentes nas conversas, brincadeiras, jogos, relacionamentos, dramatizações em grupo ou individuais. A sexualidade está presente nos momentos em que o sujeito está interagindo afetivamente com outro ou outros, e quando está isolado, só ou em momentos reflexivos.

Quando somos crianças a curiosidade sexual se expressa por meio de perguntas e, principalmente, por meio de jogos e brincadeiras. A brincadeira sexual tem para a criança um sentido diferente daquele que é dado pelo adulto e é fundamental e sadio para o seu desenvolvimento emocional e intelectual. Além dos impulsos sexuais, expressamos também os impulsos hostis, e ambos são responsáveis pela criatividade, enquanto expressão original de si mesmo no mundo.

A forma de a criança compreender o mundo se dá por meio das fantasias, uma forma ainda não elaborada, não amadurecida de pensamento. Somente com o tempo e por meio de um jogo entre a fantasia e a realidade - que lhe é apresentado e decodificado pela mãe ou pela pessoa que exerça esta função – é que a criança vai podendo crescer e se desenvolver. Este processo, no entanto, é algo lento, demorado, que vai se desenvolvendo durante muitos anos de sua vida, inclusive ao longo de sua vida escolar.

A principal maneira pela qual a criança desde bem pequena interfere no mundo, interage e se comunica é por meio do brincar. Enquanto os adultos se utilizam basicamente da linguagem oral para se comunicar, a criança o faz por meio da brincadeira, do jogo. Ao brincar, as crianças vivenciam conflitos, expressam sentimentos, vivem na fantasia diferentes papéis, inclusive os identificatórios, como os papéis parentais.

O brincar e a curiosidade sexual são indicativos de um desenvolvimento infantil sadio e criativo. A criança que não está muito angustiada pode brincar, investigar seu corpo e o mundo, de uma forma criativa. Sem o brincar algumas idéias e fantasias se tornariam totalmente insuportáveis, o que acarretaria num desequilíbrio grave para o ego da criança que ainda é muito frágil.

É necessário observar sempre que uma criança apresenta uma dificuldade seja no brincar, no aprendizado, ou no contato social. Uma criança que tem sua libido impedida de se manifestar, precisa se valer de uma grande quantidade de energia psíquica para manter suas defesas erguidas. É neste processo que sua energia fica presa e impossibilitada de atuar em outras áreas que dizem respeito ao conhecimento. Todo sintoma é uma tentativa, normalmente mal-sucedida, de evitar uma angústia excessiva. Se pudermos pesquisar a angústia por trás do sintoma poderemos abrir caminho para que os processos de desenvolvimento harmônicos e criativos aconteçam.

Devemos estar atentos a estes sintomas nas brincadeiras muito repetidas, tanto as de caráter sensual, como também as que não tenham esta característica, mas que nos revelem que há um nível de angústia excessiva em determinada criança, pois podem resultar em problemas emocionais com conseqüências para a aprendizagem e para o seu desenvolvimento geral. E assim procura-se favorecer um espaço real de comunicação e alívio dessas angústias; às vezes isso só é possível buscando ajuda de um profissional especializado.

Diante da curiosidade sexual da criança é muito importante primeiro entender a pergunta e verificar o que ela quer saber. Ao compreendermos o tamanho e o conteúdo da pergunta devemos dar uma resposta cientificamente correta e objetiva e corrigir informações errôneas: responda sempre, mesmo que seja para dizer que não sabe.

Um trabalho de orientação sexual nas escolas infantis pode enriquecer o processo de aprendizagem e o desenvolvimento. A formação do educador na área da sexualidade, por meio da discussão dos preconceitos, tabus, sentimentos e questões sócio-político-culturais que permeiam o tema, permite que ele possa oferecer à criança a oportunidade de ter sua curiosidade sexual adequadamente atendida, favorecendo o desenvolvimento de todas as suas capacidades.

É função do orientador sexual nas escolas infantis compreender que a informação sobre sexualidade dada às crianças não as torna menos inocentes, como muitos defendem "falar sobre sexo desperta precocemente o desejo sexual, perdendo a inocência." Muito pelo contrário, sendo a informação transmitida de uma maneira adequada à sua faixa etária, e satisfazendo à curiosidade da criança naquele momento, torna-a mais protegida e menos vulnerável à violência sexual e aos bloqueios na aprendizagem. O educador deve ter um olhar observador, calcado em informações corretas e livre de preconceitos, para com as crianças, pois elas nos revelam suas dúvidas, anseios, medos e angústias quanto à sexualidade, a cada segundo, nas suas brincadeiras diárias e investigações contínuas. O professor nunca deve deixar de responder à criança as suas perguntas, assim ela não perderá a confiança na figura do educador, até mesmo para vê-lo como alguém que não sabe tudo, o que estimula o processo investigativo próprio da criança.

A postura do educador infantil diante da pergunta da criança é muito importante. Primeiro se faz necessário investigar em que contexto se encontra sua dúvida. Ao compreender o que a criança de fato quer saber, o educador deve dar uma resposta correta e objetiva, e discriminar informações distorcidas, ainda que tenha de contradizer os pais. É importante ter em mente que cada criança faz parte de um universo familiar diferente, que vem de diferentes culturas, religiões e hábitos e, que, portanto, cada família ensina de um jeito próprio as questões relacionadas ao sexo, e cabe ao educador oferecer uma resposta cientificamente correta. Com as crianças de 0 a 6 anos não há uma intervenção pedagógica sistemática, mas a cada momento que ela solicite e de acordo com o tamanho de sua curiosidade, individualmente ou em grupinhos, que demonstrem o mesmo interesse.

Já a adolescência é o caminho no qual o jovem vai adquirindo os atributos de que necessitará na vida adulta, como maturidade cognitiva, capacidade de argumentação, autonomia e independência, ao mesmo tempo em que constrói sua identidade e evolui em maturidade hormonal para uma vida plena em todos os campos – sexual, afetivo e profissional.

É um momento de perda e ansiedade diante do novo, de vivência de várias crises emocionais. Os adolescentes sentem a dor de deixar para trás a infância, o corpo infantil, a dependência. Ao mesmo tempo, temem não conseguir corresponder às expectativas do mundo adulto e se inquietam diante do futuro, o eterno desconhecido. Mas todas estas crises são transitórias, como um caleidoscópio sempre em movimento.

Nesta busca da própria identidade, os jovens questionam, discordam e rejeitam quase tudo que lhes é ordenado e proposto, porque querem desbravar o seu caminho a seu modo. A construção de si mesmo passa por esta contestação das coisas que estão ao seu redor, muitas vezes num movimento sofrido. Mas o crescimento e as mudanças só ocorrerão desta forma, se os conhecimentos puderem ser desafiados.

Nesse processo de descoberta, é comum que os adolescentes, repletos de ideais e sonhos, movidos pela paixão e entusiasmo típicos da idade, se deixem arrebatar pelo desejo de mudar radicalmente o mundo à sua volta. Podem buscar ativamente um palco mais amplo para tentar promover estas mudanças e expressar suas personalidades, ou apenas imaginá-las, infinitamente, da coxia. Podem canalizar esta energia para o objetivo de fazer do mundo um lugar melhor, ou para seus projetos de êxito individuais.

Os sentimentos de onipotência, vigor e honestidade levam os jovens a enfrentarem e mobilizarem forças de uma forma que seria impossível sob a ótica dos adultos. Eles não se deixam limitar, por exemplo, por questões de lógica ou coerência. Mas o exercício destas paixões e a descoberta da generosidade e cooperação só desabrocham quando os jovens se inserem em atividades sociais, indo além do ambiente familiar. Tais sonhos e idealizações são germes fundamentais para os sentimentos e possibilidades de satisfação e de realização na vida adulta.

A construção da identidade para o adolescente implica em conquistar sua emancipação em diferentes níveis: sexual, psicológico, social, econômico, intelectual e profissional.

Na busca de experimentar, exercitar e descobrir a sexualidade, os adolescentes "ficam", às vezes namoram. Nem sempre são capazes de estabelecer vínculos afetivos mais profundos e duradouros. Isso se dá justamente porque há um universo muito amplo a ser descoberto...

Todo este processo de ser adolescente pode se revestir de diferentes facetas. Há aqueles que criam heróis e amigos inseparáveis, vivem de forma expansiva em grupos de iguais ou tribos ou gangues, e os mais tímidos, que se desenvolvem solitariamente. Há os eufóricos e os deprimidos, os divertidos e os chatos, os gordos e os magros... O importante é que cada um sinta liberdade para expressar seus pontos de vista, nortear suas escolhas e assumir seus sentimentos nos relacionamentos afetivos.

Essa enorme diversidade se explica pela labilidade emocional típica da adolescência, não só em função das mudanças hormonais mas também da complexidade subjetiva dessa trajetória. É comum os jovens mudarem de humor de um minuto para outro: ora se sentem radiantes de felicidade, ora tristes como se o mundo fosse acabar. Podem num momento se sentir poderosos e onipotentes, decididos a resolver tudo sozinhos, para pouco depois mergulharem na insegurança e pedirem ajuda. Passam em pouco tempo do ensimesmamento e da retração à vontade de estar com os amigos o tempo todo. É por isto que a convivência com adolescentes pode ser ao mesmo tempo enriquecedora, complexa, paradoxal e até cruel, tanto para eles quanto para os adultos.

Neste contexto cheio de sutilezas e desafios, o que os adolescentes mais necessitam é que os adultos confiem neles, acompanhem seus sonhos, fiquem ao seu lado e, sem perder a esperança, acreditem que eles serão capazes...

Na puberdade e na adolescência as conversas sobre sexualidade são importantes para deixá-los mais informados, atender suas dúvidas e curiosidades, prevenir das DSTS/AIDS e gravidez não-planejada, e, também, protegê-los de abuso sexual. É importante que eles tenham o conhecimento e a noção de que devem dizer "não" a todo comportamento de outrem que não gostem, que seja intrusivo ou abusivo no que tange ao seu próprio corpo. Tanto para meninos como meninas eles devem estar seguros para não deixar que façam coisas no seu corpo que não desejam. Se isso ocorrer, eles devem estar orientados a procurar profissionais, ou familiares, ou uma pessoa adulta para pedir ajuda e proteção. Nem sempre o abuso sexual deixa marcas físicas evidentes, porém com o passar do tempo podem ocorrer mudanças perturbadoras no comportamento.

O trabalho de orientação sexual na escola com adolescentes tem como objetivo a discussão sobre a sexualidade: os preconceitos, os tabus, as emoções e as questões sócio-político-culturais que permeiam o tema, proporcionando aos alunos a oportunidade de refletir sobre os seus próprios valores e os dos outros, bem como uma vivência da sexualidade com maiores possibilidades de segurança, de prazer, de amor e de exercício de liberdade com responsabilidade.

O lugar do orientador sexual de adolescentes é o de problematizar e enfatizar as discussões entre os jovens, auxiliando-os a refletir e a amadurecer suas opiniões, em vez de impor suas idéias ao grupo; não ditar regras de comportamento nem se colocar como modelo; evitar situações de autoritarismo. Ele deve incentivar os alunos a pesquisar, consultar bibliotecas e buscar informações que enriqueçam a construção coletiva do conhecimento; veicular as informações dentro de um contexto mais amplo e as informações cientificamente corretas. Dar oportunidades para os alunos se conhecerem e confiarem uns nos outros, expressarem sentimentos e partilharem vivências diversas; estimular a manifestação de problemas, de dúvidas e da curiosidade, possibilitando a reflexão e o apoio mútuo na busca de soluções. Ele deve evitar depoimentos sobre a própria vida sexual e a dos alunos, mantendo o trabalho como uma proposta pedagógica e não de terapia, contando com sua experiência com a faixa etária com a qual vai trabalhar.

Quando um trabalho de orientação sexual se desenvolve dentro da escola nós observamos que os adolescentes, ao discutirem e refletirem sobre valores e preconceitos, para além das informações cientificamente corretas, se tornam mais responsáveis e menos vulneráveis com relação à sua vida sexual. Ao resgatar os sonhos e projetos do adolescente e ao trabalhar as necessidades de um bebê e as responsabilidades de ser pai e ser mãe prevenir-se a gravidez não-planejada nesta faixa etária. Ao falar dos sentimentos e medos relacionados com o exercício da sexualidade, os adolescentes ficam menos vulneráveis à gravidez não-planejada e às DSTs/Aids e ao serem mais críticos e informados sobre os métodos anticoncepcionais, tornam-se mais exigentes e lutam por seus direitos em relação à saúde sexual.

Para que se possa favorecer o desenvolvimento da sexualidade e a aprendizagem, a construção e apropriação do conhecimento, principalmente junto àqueles alunos repetentes e/ou considerados difíceis, é necessário contarmos com a paixão e a audácia dos professores. Paulo Freire (1989) foi um desses professores, dizia ele:

> Queria muito estudar, mas não podia porque nossa condição econômica não o permitia. Tentava ler ou prestar atenção na sala de aula, mas não entendia nada, porque a fome era grande. Não é que eu fosse burro. Não era falta de interesse. Minha condição social não permitia que eu tivesse educação... À medida que comia melhor, comecei a compreender melhor o que lia. Foi aí, precisamente, que comecei a estudar gramática, porque adorava os problemas da linguagem. Eu estudava filosofia da linguagem por conta própria, preparando-me, aos 18 ou 19 anos, para entender o estruturalismo e a linguagem. Comecei, então, a ensinar gramática portuguesa, com amor pela linguagem e pela filosofia e com a intuição de que deveria compreender as expectativas dos estudantes e fazê-los participar do diálogo. Em algum momento, entre os 15 e os 23 anos, descobri o ensino como minha paixão (p. 23).

Sempre fui muito curiosa em saber o que é que fazia com que alguns professores fossem entusiasmados com o ensinar e outros não. Então fui estudá-los e aprendi com os professores apaixonados que formar é: levar o aluno a achar seu próprio caminho, a transformar-se, a evoluir, a refletir, a mover-se, a relacionar-se. É aquele que vai ao encontro dos temas de interesse do aluno. Nesse processo, o professor apaixonado se coloca como mediador, facilitador ou catalisador do processo de formação e, ao mesmo tempo, como alguém também se formando, movimentando-se, transformando-se, evoluindo, relacionando-se com trocas enriquecedoras e significativas. É um processo que se dá internamente, isto é, para dentro e não para fora, tanto por parte do aluno como do professor. Há algo de misterioso nisso. Ao lado do prazer, o processo de formação é descrito como uma passagem sofrida, dolorosa, que envolve ultrapassar umbrais, ficando evidente a angústia da formação, vivida por ambas as partes: aquela de criar um movimento. A disponibilidade para o inesperado, para que o desconhecido tenha lugar na atividade formativa, implica uma qualidade do professor no manejo das diferenças, das divergências, presentes em todas as relações humanas.

Muitos professores e alunos buscam de forma lúdica, como um jogo que não termina nunca, a reparação, na qual o outro figura com primazia, oferecendo conhecimento e proporcionando o desenvolvimento deste outro. A diferença se impõe como algo que vem a complementar, enriquecer, trazer a discórdia para que o novo, o desconhecido, se desvele e possa emergir a criação. Mais importante que buscar discípulos submissos, trata-se de encontrar curiosos fiéis à investigação na tentativa de que o conhecimento se movimente, se desarranje e, então, como na arte, se represente e adquira novos significados.

Como diz Winnicott (1975), "é no brincar, e talvez apenas no brincar, que a criança ou adulto fruem sua liberdade de criação", e ainda:

> É no brincar, e somente no brincar, que o indivíduo, criança ou adulto, pode ser criativo e usar sua personalidade integral: e é somente sendo criativo que o indivíduo descobre o eu (*self*). Ligado a isso, temos o fato de que somente no brincar é possível a comunicação, exceto a comunicação direta, que pertence à psicopatologia ou a um extremo de imaturidade(pp. 79-80).

Recorrendo ao conceito cunhado por Winnicott, pode-se afirmar que o educador cumpre a tarefa de ser "mãe suficientemente boa", que ilude e desilude, e ainda possibilita, transferencialmente, a superação da dependência do aluno em relação a suas figuras parentais, movimento este necessário desde o início da vida e, por extensão, em relação ao seu professor. O professor apaixonado seria a segunda mãe suficientemente boa, assim como a mãe que permite que o filho seja mãe, professor que permite que o aluno seja professor. Aqui, também, está presente a concepção de Freud sobre o que seria uma educação acabada e bem-sucedida.

Propiciar um campo de ilusão na relação professor-aluno, em que se dê vazão ao sonhar, à criatividade, à curiosidade e à espontaneidade, mantém vivo o processo de aprendizagem.

Para isso é necessário que a instituição formadora, como representante parental, dentro de uma visão pluralista e democrática, ofereça um ambiente acolhedor e estimulante para as idéias ainda incipientes de seus alunos, auxiliando o desabrochar do potencial de cada um.

Não encontrei no relato dos professores apaixonados nem regras nem métodos que garantissem a eficiência de sua pedagogia. Trata-se de recursos inconscientes, de sonhos infantis, de fontes de desejos infantis que não secam nunca, que nascem de si mesmos. E isto todos nós temos, só que para alguns isto está mais à mão para instrumentalizar suas aulas, isto é, a via do inconsciente-consciente está menos obstruída e, então, podem tomar posse desses recursos internos e tornar suas aulas apaixonantes, talvez suas vidas apaixonantes.

Há nos professores corações apaixonados, onde tem lugar a paixão de formar, dar vazão e ser criativo, contribuindo para a práxis educativa. Um lugar onde o aluno pode emergir como um ser pensante, assim como o professor também pode se manter criativo e pensante, sem que ambos se tornem servos da paixão e sem cair no narcisismo escravizante da institucionalização, dando vazão a um saber livre e criativo.

O professor apaixonado é, então, aquele cuja chama se mantém; sua paixão não se apaga pelo fator idealização, não se entrega à erotização da relação professor-aluno, atuando a libido da pulsão do saber-paixão, que o esvaziaria e o levaria a sair do lugar de quem transmite o saber. Permite que o outro se diferencie, se discrimine, sem ter necessidade de tê-lo à sua imagem e semelhança. E, ainda assim, mantém vivos dentro de si a pulsão de saber, o entusiasmo, a curiosidade e o respeito pelas possibilidades de desenvolvimento e conhecimento de ambos, professor e aluno.

Para concluir, gostaria de destacar que quando se pensa na importância da curiosidade sexual para o processo de aprendizagem e para a elaboração dos conflitos que envolvem a chegada da adolescência, faz-se mister que o aluno encontre um professor apaixonado e um trabalho sistemático de orientação sexual em sua escola. Quando encontramos desde pequenos alguém próximo a nós, seja ele um familiar, amigo ou educador de nossa confiança, que pode responder verdadeiramente nossas questões, mantemos vivos dentro de nós a esperança e o desejo de sempre poder vir a conhecer.

Quando conversamos sobre questões ligadas à sexualidade possibilitamos a elaboração de diversas dúvidas que muitos carregam desde a infância e elaboramos tabus e preconceitos relacionados a ela. Assim, há mais possibilidade de incluir o prazer na vida e conseqüentemente toda energia bloqueada, em função tanto dos tabus quanto das dúvidas, pode ser liberada para a construção de diversos conhecimentos. Então, a todo o momento da vida, seja quando criança, adolescente ou adulto, um trabalho sistemático voltado para os temas ligados à sexualidade é fundamental, pois a construção da sexualidade e da aprendizagem se dão intersubjetivamente e na relação do sujeito com sua família, escola, amigos, comunidade e meio sócio-cultural. Os jovens e as crianças que têm Orientação Sexual na escola ampliam sua capacidade de interesse e aprendizagem na sala de aula.

Para abordar os temas e as situações que envolvem a sexualidade é necessário que o educador crie um espaço de confiança e de intimidade. O educador enquanto orientador sexual é sobretudo aquele que observa e reflete para o(s) outro(s) opiniões diversas, respeitando valores e modos de vida, para que cada indivíduo se torne capaz de ser sujeito de seu desenvolvimento emocional e sexual. Para lidar com as manifestações da sexualidade, o professor deve ser capaz, em primeiro lugar, de lidar com os vários tabus e preconceitos ligados à sexualidade e se sentir à vontade com a própria sexualidade e com a diversidade de opiniões. Deve também ser capaz de observar, de conversar sem ansiedade nas situações em que é solicitado, e, ainda, quando necessário ser capaz de colocar limites.

Trabalhar com Orientação Sexual é um processo apaixonante: transforma a prática pedagógica do educador, extrapolando o espaço da sala de aula. Os educadores passam a tratar das questões relacionadas à sexualidade com mais "tranqüilidade", ao falar com os alunos, com os pais e colegas. Ocorrem mudanças significativas em sua compreensão sobre as temáticas relacionadas à sexualidade de uma forma geral e em relação aos comportamentos sexuais infantis. Os educadores ampliam seus conhecimentos sobre temas desconhecidos, despertando sua curiosidade e necessidade de continuar a aprender.

Manter vivo o prazer de saber, com toda a diversidade dos conflitos que envolvem a sexualidade humana, é um desafio para aquele que tem a paixão de formar, como um jogo ou brincadeira, em que vai se dando a aprendizagem e o conhecimento se faz.

Termino com as palavras de Rubem Alves (1993) que ilustram sua curiosidade sexual infantil e seu desejo de conhecer, e que dão o que pensar...

> A gente aprendia por conta própria, movidos por uma curiosidade incontrolável. Só tardiamente descobri que meu pai era um mentiroso. Eu nada sabia sobre os fatos da vida, e corria atrás dos galos machistas que subiam nas costas das galinhas segurando-as pela crista. Perguntei ao meu pai porque os galos assim batiam nas galinhas e ele me respondeu que, com certeza, era punição por alguma malcriação que tinham feito, o que me convenceu, em definitivo, a jamais fazer malcriações. A cena está absolutamente clara na minha mente, como se fosse agora: eu, agachado diante de um ninho onde uma galinha se esforçava por botar um ovo: imóvel, não se perturbava com a minha proximidade, olhos arregalados, o esforço era demais, e no orifício traseiro, róseo, o ovo que aparecia. Como profecia de um médico que não fui, eu fazia o toque para ver se faltava muito. Botado o ovo, eu o levava triunfante para a cozinha, onde o feto seria transformado em ovo frito. Havia, também, as moscas que voavam acopladas, em maravilhosa sincronia olímpica, na felicidade singular e poética de copular voando, graça que aos seres humanos é dada

em ocasiões muito especiais, quais sejam, na conjunção de astros, em eclipses de lua, ou quando os amantes riem enquanto fazem amor. E havia também os cachorros, enganchados na mais ridícula das posições, um resfolegando, língua de fora, olhando para o norte, o outro resfolegando, língua de fora, olhando para o sul, o que nos fazia supor que o sexo era coisa ridícula, que não devia ser feito com a mulher amada.

A gente aprendia olhando e pensando os objetos que habitavam o mesmo espaço que nós. E foi assim que eu, equivocadamente, elaborei um princípio pedagógico que diz que a aprendizagem acontece no espaço habitado, espaço onde criança, sensações, sentimentos, bichos, coisas, ferramentas, cenários, situações, pessoas e atividades acontecem e formam um mundo. Eram os objetos do cotidiano, a gente não precisava de enciclopédia para fazer pesquisa. Pesquisa se fazia com os cinco sentidos e a curiosidade.

Segundo o que penso, e seguindo minha filosofia da aprendizagem, o corpo aprende apenas aquelas coisas com as quais está em contato. A aprendizagem é uma função do viver. A gente aprende para sobreviver e para viver melhor, com alegria. Mas a vida tem a ver com a relação direta do corpo com o seu meio. Por isso a aprendizagem começa com os sentidos: o ver, o ouvir, o cheirar, o tocar, o gostar. Para os que só pensam com o auxílio de citações: *Magister dixit*! Assim falou Marx, que a tarefa da história é a educação dos sentidos! (pp. 105-107).

## Referências bibliográficas

Alves, R. Sobre a vida amorosa das estrelas do mar. In: *Cenas da vida.* Campinas: Papirus, 1997, pp. 105-107.

Freire, P. À sombra das mangueiras também se aprende. In: Gadotti, M. *Convite à Leitura de Paulo Freire.* São Paulo: Ed. Scipione, 1989, p. 23.

GTPOS. *Sexo se Aprende na Escola.* São Paulo: Editora Olho D'Água, 1995.

GTPOS, Ecos & Abia. *Guia de Orientação Sexual – Diretrizes e Metodologia – Da Pré-Escola ao 2º Grau*. São Paulo: Casa do Psicólogo Livraria e Editora, 1994.

Silva, M.C.P. *A Paixão de Formar – Da Psicanálise à Educação*. Porto Alegre: Artes Médicas Editora, 1994.

Suplicy, Marta. *Papai, mamãe e eu: agora você já pode conversar*. São Paulo: FTD, 1990, 63p.

Trowell, Judith. *Compreendendo seu filho de 3 anos*. Coleção ClínicaTavistock. Rio de Janeiro: Imago, 1992, 80p.

Winnicott, D.W. *O brincar e a realidade*. São Paulo: Imago, 1975.

## Capítulo 6

# Ele tinha tudo para ser feliz...

*Clary Milnitsky-Sapiro**

*Ele tinha tudo para ser feliz. Juventude, saúde, talento, dinheiro, o amor de belas garotas. Mas Felipe construiu para si um mundo* dark *e animal. Tatuou demônios no peito e foi vencido por eles*
Renan Antunes de Oliveira[1].

Assim começa uma reportagem jornalística sobre um jovem de muitas posses econômicas que encerrou sua vida aos vinte anos jogando-se no vazio e estatelando-se no solo junto com todos os adereços que o fizeram pertencer a uma tribo muito *dark*. Eu não diria, porém, pertencente a um mundo "animal", mesmo atualizado pelo jargão adolescente (o que, aliás, é um ótimo tema de estudo). Seria uma ofensa às espécies que têm protuberâncias, escamas e outras adaptações biológicas "pela própria natureza". Não diria "animal" porque as expressões físicas que o jovem optou por acrescentar ao seu corpo dizem respeito a escolhas humanas, ao animal racional. Dizem respeito às perspectivas de grupos humanos tribais que buscam uma identidade na Sociedade do Eu.

---

* Professora e Pesquisadora do Instituto de Psicologia da Universidade Federal do Rio Grande do Sul, Ph.D. em Psicologia do Desenvolvimento pela University of Illinois, Chicago, e Pós-Doutorado na University of California, Berkeley.

1. Matéria publica em *Já* – Jornal mensal de Porto Alegre, RS. Já Porto Alegre. Editores Ltda. 48 Centralizadora Distrib.Livros Jornais Rev. Ltda. O jornalista tem vinte anos como repórter em 17 redações de sete estados e foi vencedor do Prêmio Esso de Reportagem em 2004 com a matéria "A tragédia de Felipe Klein".Copyright *Já in Comunique-se ("http://www.comuniquese.com.br")*, 20/12/04.

*"O cadáver estava todinho tatuado. Trazia argolas de metal nos genitais, mamilos, lábios, nariz e nas orelhas – e estas tinham orifícios da largura de um dedo".* Assim continua a descrição do jornalista, denotando o estranhamento que causa tal aparência na tribo do "Eu dominante". Quanto aos *dark*, talvez esses dados representem apenas uma descrição equivalente a alguma coisa do tipo: "o jovem trajava calça jeans, camiseta verde e um par de tênis". Ele pertencia àquela tribo que adota os matizes identificatórios descritos pelo jornalista.

Cabe ainda salientar dois parágrafos da reportagem de Renan Antunes de Oliveira:

*"Fotos de Felipe no álbum da família mostram a criança típica da classe privilegiada: um menino de cachinhos loiros, olhos azuis, bochechudo, limpo, bem vestido e, às vezes, sorridente". (...) "Foi na adolescência que ele começou a se mutilar com tatuagens, cirurgias e implantes. Pouco antes de morrer preparava-se para botar nas costas uma pele de lagarto e rasgar sulcos no rosto, para pintar neles uma máscara dos maoris, nativos da Nova Zelândia".* Com essa última referência – a dos maoris – o jovem denota que ele ainda queria manter vínculos com outros humanos, de outras tribos; mesmo através do *body modification.*[2] É importante comentar que, para os maoris, o significado dos dolorosos sulcos feitos no rosto com ossos de pássaros e coloridos como tatuagens com pigmento azul servia para identificar e glorificar os homens da tribo. Era basicamente um ritual da "fase clássica" da história dessa tribo, segundo dados antropológicos. Hoje, foram substituídos em sua maioria, por adornos ocidentalizados.[3]

E quanto a nós?

Como pensar sobre esse choque de perspectivas de pertencimento, essa forma de protesto denunciada no próprio corpo ("marcado a ferro e fogo"; logo, forjado) contra as formas convencionais de identidade e pertencimento – estas que gostamos tanto, que

2. Expressão inglesa dos adeptos de mudanças corporais. (Renan Antunes de Oliveira)
3. http://www.geocities.com/TheTropics/Shores/9338/

nos parecem tão "ajustadas" e "normais"? Como analisar para além do horror, da patologia, e talvez até da náusea provocada pelo imaginário ao cogitarmos essa inclusão nas raízes de outras tribos, inclusão esta engendrada através de dores físicas e psicológicas?

Perante todo esse conhecimento produzido à luz da psicanálise e outras abordagens psicológicas, reconhecemos, ainda, que o processo adolescente eclode, embora preso e marcado pela história do sujeito, no seu contexto social, e marcado pelo momento histórico e pela cultura que compõem o pano de fundo e palco desse lugar.

*"Foi na adolescência que ele começou (...)"* depõe o jornalista fazendo essa demarcação histórica. Mesmo que se entenda hoje que a adolescência é uma invenção da contemporaneidade, não há como sustentar a negação de que as mudanças fisiológicas e hormonais proclamadoras da puberdade demarquem características de um tempo (mesmo breve) "entre" um lugar infantil e um lugar no mundo adulto, caracterizado atualmente pela ausência de espaço.

Já na atualidade, o processo adolescente manifesta um mal-estar denunciando através do corpo-com-dor que não percebe esse contexto como "pano de fundo", mas como uma grande teia pegajosa, onde, ele, refém desse palco vivo, está prestes a ter sua singularidade sugada e transformada em mais um produto que nutrirá essa teia. Como se um processo biológico de assimilação e acomodação (ilustrado talvez pela digestão) o colocasse no "seu devido lugar". Quer seja do "bem" (adaptado), quer seja do "mal" (excluído).

Diferentemente de gerações anteriores, nas quais os modelos negativos eram explicitados nos seus valores conservadores e moralistas, ou através de suas ações autoritárias punitivas ou beligerantes, deixando um espaço simbólico para uma subjetivação movida pelo realismo moral – contra a hipocrisia do "faça o que eu digo, mas não faça o que eu faço", e pelo idealismo na busca de construir "um mundo mais justo e humano", ou uma construção de sujeito movida "simplesmente" pelo desejo de ser diferente dos pais. E mesmo que a vida adulta tenha mostrado que essa diferença ainda foi muito sutil, havia alguém com uma cara definida como anteparo e havia espaço para a elaboração dessa diferença.

Para Erikson (1968) o "estabelecimento" de uma identidade implica elaborar um conceito de si significativo, de forma que o sujeito consiga construir um todo unificado que englobe seu passado, presente e futuro. Assim, o adolescente para "dar-se a ver", deverá poder responder de onde vem, quem é e o que irá se tornar. Sabemos que enquanto processo, essa organização não é linear, mas entendemos ainda que essa localização espaço-temporal interna é crucial. Entretanto, as sociedades modernas cada vez mais complexas, diversificadas e pluralísticas, e paradoxalmente homogeneizantes, fazem com que as escolhas de vida que suportam o processo de construção de identidade no sujeito adolescente tenham se tornado gradativamente mais difíceis. Assim, cabe aqui delinearmos um posicionamento perante a produção de conhecimento sobre a adolescência, ou processo adolescente, ou crise adolescente, e o papel desse conhecimento na sociedade e na educação formal.

Nesse segmento do texto abordaremos o papel central de aspectos sócio-cognitivos aliados à produção de conhecimento psicanalítico em intervenções dirigidas a adolescentes em escolas. Há um espaço pedagógico a ser preenchido pela psicologia como interface entre saberes e disciplinas da educação formal. Lembramos que a escola ainda é a instituição social mais estável para o jovem contemporâneo, e nossas pesquisas têm mostrado o quanto a "instituição educacional" é socializadora e campo para construção de valores.

Apesar da matéria jornalística ter servido basicamente de elemento instigador para esse relato de pesquisa, voltaremos ao tema como fecho desse trabalho. A seguir, buscamos detalhar as razões pelas quais categorizamos os adolescentes como pertencentes a um grupo cultural que assim se constitui como discutimos acima por viver peculiaridades de um processo, e "não apenas" a uma "etapa do desenvolvimento humano". Para tal, exploramos algumas características do grupo cultural, incluindo aspectos identitários, normas e valores partilhados.

## Uma cultura do adolescente

Na última década, a cultura passou a constituir uma variável importante em pesquisas nas áreas de psicologia do desenvolvimento e cognição social visto que pesquisadores filiados a segmentos importantes da psicologia do desenvolvimento acordaram que o contexto e a cultura não são temas centrais unicamente da antropologia, e que a mente em desenvolvimento tem um corpo (*embodied*, é "encarnada"), e esse corpo ocupa um lugar, e desenvolve interagindo socialmente a partir de um determinado contexto tendo como referências as normas e valores culturais.

Desta forma, estendemos o conceito de cultura à cultura adolescente – como a rede complexa de hábitos partilhados, perspectivas, significados, valores e representações sociais; assim como formas de construir subjetividades onde se distingue, entre outros aspectos, a afinidade entre seus membros. Lembramos que essa perspectiva é tomada a partir de um sistema de referências mais complexo e mais amplo: a cultura ocidental contemporânea.

Tendo em vista que identidade é um aspecto crucial na adolescência, o "compartilhamento" de significados entre aqueles que pertencem à mesma cultura visa fortalecer um grupo que se faz perceber como desafiador, mas que se sente desafiado pelo "outro", e que necessita confrontar os valores e a sociedade adulta (a minoria dominante), que lhe nega, também, em momentos de impasse, o resgate do status e condição anterior de heteronomia enquanto oficialmente identificado na infância.

Erikson (1968), Blos (1998), Rassial (1995) e muitos outros respeitáveis autores da psicanálise consideram a adolescência o período mais crítico na constituição da identidade, pois caracteriza um processo que envolve uma série de mudanças físicas e subjetivas. A mudança da imagem do corpo afeta a constituição da identidade e o papel parental perde espaço para os modelos que a cultura oferece.

## O corpo adolescente e uma abordagem interdisciplinar como estratégia de intervenção na escola

O relato de pesquisa que faremos a seguir explora um dos aspectos subjacentes ao mandato: *"Ele tinha tudo para ser feliz"* determinado pela sociedade contemporânea. Partindo de trabalho empírico em uma escola particular de Porto Alegre, recortamos um entre tantos aspectos importantes do processo adolescente, que se negligenciado pode propiciar espaço para diversas formas de relações negativas entre o mundo interno, subjetivo, desses adolescentes e o mundo externo disposto pelos adultos.

Na pesquisa, Tonatto e Milnitsky-Sapiro (2002) apontam para o surgimento de questões que os adolescentes colocam para si mesmos a respeito de sua "normalidade". A metáfora do "complexo da lagosta" usada por Dolto & Dolto-Tolitch (1993) expressa a perda de referências físicas e o estado de fragilidade que o processo adolescente impõe ao púbere. Segundo esses autores, assim como o crustáceo perde a sua carcaça para crescer, ficando sem defesa, e exposto aos perigos de predadores até que seu organismo produza uma nova proteção adequada para seu tamanho, o adolescente vive uma fase análoga. Giongo (1998) comenta a mesma metáfora lembrando o trabalho psíquico do adolescente para "fabricar" uma nova imagem de si, para então buscar responder às demandas que lhe são impostas a partir deste momento. Nessa procura pela "nova forma" o processo de identidade e a busca de aceitação pelos pares põem em jogo o real, o imaginário e o simbólico (Rassial, 1995).

Diante da multiplicidade de perspectivas necessárias para compreender e abordar o contexto adolescente, então buscamos com um certo arrojo a interdisciplinaridade, apoiados pela perspectiva de que perante a complexidade, um enfoque epistemológico não dá conta do fazer pedagógico. Nessa produção teórica e intervencionista incluímos conhecimentos de psicanálise, ciências e a teoria de representações sociais, como ferramentas teóricas e metodológicas para construir intervenções efetivas na área da educação sexual, trabalhando através da disciplina de ciências a prevenção de doenças sexualmente transmissíveis.

Seguindo uma das definições clássicas de Moscovici (1973) em que as representações sociais constituem *"um tipo particular de estruturas que funcionam para prover às coletividades os meios intersubjetivamente compartilhados para a compreensão e comunicação"* (Moscovici, 1973)[4] – sugerimos aqui a função das representações sociais acerca da sexualidade como um recurso teórico e metodológico para estabelecer a interface entre abordagens teóricas que sozinhas não dão conta da realidade, possibilitando uma ação do pesquisador/interventor e um grupo social (no caso, adolescentes de nível socioeconômico médio) participante do projeto. As autoras constataram que o estudo das representações sociais, através da análise de conteúdo dos temas emergentes em diversos momentos do trabalho de campo, é bastante confiável para intervenções que têm como objetivo específico a tradução do conhecimento científico para o leigo, no caso para grupos de adolescentes.

O movimento é de uma certa "retroalimentação" visto que estudamos as representações sociais dos adolescentes acerca de sexualidade e doenças sexualmente transmissíveis, para então que uma vez interpretadas essas representações à luz das teorias, os pesquisadores intervenham incorporando aos seus significados partilhados "a tradução" do conhecimento científico para ser dialogada com a cultura do grupo pela voz dos adolescentes. É o que denominamos, "construtos significativos" às situações do seu cotidiano.

As intervenções nas quais o pesquisador tem a competência de apreender os significados partilhados através da análise das representações sociais têm um maior potencial de desafio às teorias leigas e, no caso, narcisísticas dos adolescentes perante a sexualidade e o uso de drogas. As representações sociais constituíram uma instância metodológica que possibilitou aos facilitadores e intervencionistas

---

4. *"a particular kind of structures which function to provide collectivities with intersubjectively shared means for understanding and communicating"* (Moscovici, 1973).

minimizarem a relação assimétrica adulto/estranho que conduz facilmente à resistência e à rejeição por parte dos adolescentes O objetivo mais amplo deste estudo foi descrever e justificar a importância de inovações na prática do ensino-aprendizagem, que atentem para a questão da orientação sexual, desde que estas sejam fundamentadas na realidade e em um constante processo de reflexão e reestruturação da prática pedagógica aliada ao saber psicológico.

Com o intuito de buscar inovações a partir de um espaço estruturado pela instituição formal – a disciplina de ciências –, optamos por oferecer à instituição escolar formas significativamente contextualizadas de se trabalhar as questões acerca da sexualidade na puberdade e adolescência. Possibilitamos, assim, através de oficinas, a inclusão de espaços diferenciados (*workshops*) para a reflexão e discussão com adolescentes sobre temas emergentes relativos à sexualidade. Essas oficinas apoiadas indubitavelmente no conhecimento produzido pela psicanálise acerca do adolescente e da contemporaneidade convocaram e motivaram a participação dos jovens, enquanto que a abordagem sócio-cognitiva facilitou o exercício de raciocínio crítico na seleção de possíveis alternativas para resolver impasses subjetivos de caráter processual(Milnitsky-Sapiro, C.; Berman S., Briones, E.; Kurtines, W., 1996).

Cabe ressaltar que a realização deste trabalho visou multiplicar a produção e difusão de conhecimentos interdisciplinares entre os profissionais da educação e da saúde no sentido de viabilizar a reestruturação da forma e dos instrumentos tradicionais de ensino e intervenção nas escolas, no que se refere à questão da orientação sexual, assim como de outros temas não contemplados neste estudo, escolhido para exemplo.

## Uma abordagem co-construtivista

A abordagem co-construtivista, como a entendemos, não é limitada a oferecer os meios adequados segundo objetivos e metas traçadas a *priori* pelos idealizadores do projeto social – quer seja da saúde ou educação, ou interdisciplinar – para que os sujeitos envolvidos na intervenção "construam novas perspectivas ou desenvolvam na direção esperada", mas sim que os sujeitos envolvidos sejam de fato participantes e que possamos, a partir do conhecimento do contexto e das suas representações, participar como facilitadores, dispondo do conhecimento científico a ser traduzido e exercendo a interface, além de na etapa posterior descrever e explicitar tanto para a comunidade envolvida, como para a leiga, indicadores de mudanças na direção esperada (ou não).

No caso da intervenção aqui analisada, cabe lembrar que nas escolas brasileiras a educação sexual foi incluída no currículo de Ciências e Biologia e tratada, com raras exceções, de forma descontextualizada, alienada dos processos psíquicos e das representações subjetivas e compartilhadas pelos alunos acerca da sexualidade e de seu próprio corpo. Haja visto que, freqüentemente, os exemplos e ilustrações são oferecidos a partir de um modelo de acrílico de homem/mulher (geralmente transparente, onde através do corpo de plástico se visualizam os órgãos reprodutores) e com esses corpos se "ensina" sobre sexo, sexualidade, reprodução e doenças sexualmente transmissíveis. Desta forma, nas questões de identidade de gênero e sexualidade, a história, o contexto e a subjetividade são institucionalizadas pela escola, formalmente, e "desencarnadas" de um corpo real.

Visando minimizar em parte essas deficiências curriculares, principalmente para facilitar a prevenção da gravidez na adolescência e HIV, e outras DST, o Ministério da Educação, governo brasileiro, encaminhou em 1996 os Novos Parâmetros Curriculares, e desde então têm sido modestamente implementados nas escolas do país, já que o corpo docente não recebe a devida formação – apesar de serem cobrados para que isso ocorra. Nos mesmos parâmetros, a proposta de interdisciplinaridade aparece no que é definido como "temas transversais", e a educação sexual está incluída no pacote curricular com a ética e educação cívica.

Buscando então uma apropriação da representação de educação sexual instituída pelo currículo oficial, nos reportamos a Foucault (1987) para pontuar que o corpo humano sempre foi objeto de investimentos e de formas de controle na sociedade e que a educação formal enfatiza a "disciplina e controle dos corpos" nas escolas utilizando-se de vários meios: desde o uso de uniformes (em algumas escolas), como a disposição das carteiras escolares, organização das atividades físicas, etc. – instituindo um paradoxo que vem subjacente à intenção transdisciplinar do currículo transversal. Para desafiarmos essa estrutura, com uma abordagem co-construtiva em saúde e sexualidade, utilizamos a biologia e a psicologia – através da psicanálise e da teoria de representações sociais – como disciplinas de apoio no desenvolvimento de oficinas que contemplaram a cultura do grupo, sem trazer um *kit* higienista e preventivo.

Por meio das oficinas, apreendemos as representações sociais que os alunos tinham sobre seus corpos sexuados, a sexualidade, prevenção, doenças e estereótipos ligados ao tema – para então, buscar uma tradução científica compatível aos dilemas reais que os adolescentes vivenciam no seu dia-a-dia. Buscamos então facilitar a discussão dos temas emergentes das representações sociais compartilhadas no grupo de adolescentes e incluir ferramentas de raciocínio crítico. Como oficina de intervenção em uma escola, o delineamento caracterizou-se como "quali-quanti",onde uma descrição de cunho etnográfico na primeira fase possibilitou a emergência de temas/categorias que,por sua vez, constituíram a temática das oficinas – onde indicadores de novas representações puderam ser estabelecidos. Detalhamos a seguir os procedimentos:

> A primeira fase, seguindo modelos anteriores desta autora, constituiu uma metodologia de caráter etnográfico pela triangulação das fontes de informação. Um dos eixos constitui a observação do *setting* da escola, outros são as representações acerca de adolescentes, sexualidade e escola que circulam na mídia, e o terceiro eixo constitui o exame de registros e documentação disponível no *setting*, no caso, a

escola (registros de ocorrências, currículos de biologia, e material disponível),assim como procedemos a entrevistas informais com professores e alunos em geral. Desta forma com a triangulação garantimos menor tendência, viés teórico e ideológico e uma maior fidedignidade na construção dos instrumentos de intervenção, pois são fundados nas informações geradas a partir do momento histórico e subjetivo dos participantes.

A segunda fase seguiu a metodologia pré e pós-oficinas. Entrevistas individuais com roteiros abertos foram feitas com o objetivo de registrarmos as concepções e representações enunciadas pelos alunos em relação à identidade sexual, de gênero, prevenção a DST, o que são as doenças sexualmente transmissíveis, com ênfase na HIV-AIDS, assim como a gravidez na adolescência. Após as oficinas, a mesma temática "emergente" do material citado foi utilizada em novas entrevistas e dinâmicas de grupo a título de "pós-intervenção" para que aferissemos os indicadores demarcados anteriormente. A abordagem co-construtivista de Kurtines e colaboradores (1995) propiciou o material para definir os procedimentos que utilizamos na fase de intervenção – que é, delineado para facilitar o emprego de raciocínio crítico em situações complexas (*Oficinas Escolhas de Vida*; Ferrer Wreder, L. A,1996; Milnitsky-Sapiro, 1997) .

## "A Turma 71"(Texto de Tonatto, S., em 2002)

A turma 71 era formada por 25 alunos (16 meninas e 9 meninos). A média de idade ficava entre 12 e 14 anos. Eles freqüentavam a 7ª série do primeiro grau no turno da manhã. A maioria pertencia às classes média e alta. De forma geral os alunos relacionavam-se bem entre si e com a maioria dos professores. Os alunos estavam sempre organizados em pequenos grupos, que possuíam maior entrosamento entre si do que com os outros grupos. Fora da sala de aula alguns alunos também apresentavam um bom relacionamento, tanto que costumavam sair juntos e fazer churrascos "da turma". No entanto, conforme relato dos próprios alunos, eram sempre os mesmos que participavam desses churrascos e de outras programações, uma vez que uma parte da turma era considerada mais tímida e outra parte, segundo eles, não se "misturava".

Desses churrascos da turma, surgiam breves namoros ou simplesmente "ficadas", de acordo com as palavras de um grupo de meninas. Mas, geralmente, os namoros "de sala de aula" não davam certo, segundo eles, por causa da pressão da turma (que passava a vigiar constantemente o casal) e em função do tempo de convivência durante as aulas, diariamente (de acordo com uma das meninas, "isso fazia com que logo um enjoasse do outro").

Em sala de aula, eram bastante agitados, mas realizavam a maioria das tarefas com dedicação e interesse. A distribuição dos alunos e alunas em sala de aula era diferenciada. Os meninos sentavam geralmente todos juntos na parte da frente e na lateral da sala de aula, enquanto, em geral, as meninas costumavam dividir-se em dois grupos – no centro e lateral da sala. Meninos e meninas conversavam normalmente sobre assuntos diversos, mas não costumavam realizar tarefas conjuntamente (com exceção de um único grupo formado por uma menina e dois meninos). Os temas privilegiados pelas meninas durante os momentos de descontração, segundo elas próprias, eram sobre quem *fica* com quem, os meninos, as festas e a moda. Já os assuntos privilegiados pelos grupos de meninos, segundo eles próprios, eram os que tinham relação com futebol, festas, sobre as meninas mais bonitas da escola, as mulheres mais bonitas que circulavam na mídia e sobre cinema.

O problema de relacionamento mais grave identificado durante as observações foi o de um menino, ao qual a turma chamava de "veado", alegando que "ele chorava por qualquer coisa". Paralelamente, ao comportamento estereotipado, os alunos eram muito participativos, críticos e interessados. Segundo os professores, gostavam de desenvolver atividades diferentes e buscavam sempre saber mais. Assim sendo, os professores referiam-se à turma como sendo muito inteligente e interessada, apesar de também ser bastante agitada. A turma tinha alguns líderes, que variavam conforme a disciplina e a atividade em questão. Nas aulas de educação física, por exemplo, dois meninos sempre queriam escolher os "seus" times para os diferentes jogos. Alguns alunos já reclamaram disso com o professor, mas,segundo eles, parece que o professor não tomou nenhuma atitude. Já com relação às aulas que apresentavam como atividade a discussão de diferentes temas, outros cinco alunos (três meninas e dois meninos) pareciam se destacar no desejo de demonstrar as suas opiniões várias vezes durante as conversas. Alguns alunos também sentiam muita necessidade de chamar a atenção dos colegas e dos professores com brincadeiras, piadas, brigas, etc. (principalmente os meninos). A interação com os alunos durante as observações, diálogos e oficinas foi fácil, estabelecendo-se trocas afetivas de amizade e reciprocidade muito fortes durante esse período. Não houve dificuldades de interação durante as atividades, e a aceitação do trabalho superou as expectativas iniciais.[5]

No decorrer das oficinas, procuramos utilizar recursos e dinâmicas que possibilitassem a participação do grupo,tais como jogos, filmes, dilemas com situações da vida cotidiana dos jovens, entre outras coisas,para motivar as reflexões e para envolver os alunos neste trabalho. Para a melhor interação entre os alunos e com a facilitadora (Tonatto, S., 2000), possibilitamos aos alunos que dispusessem como lhes parecesse mais confortável em sala de aula, livres da organização tradicional das mesas de trabalho.

Os temas emergentes das representações sociais dos alunos, sujeitos participantes e privilegiados nas oficinas pelos alunos nas oficinas estão indicados no quadro disposto abaixo. Com base nesses temas, propusemos diversas atividades interativas que foram

5. (Tonatto, S. *Adolescência Corpo e Alma: Abordando um Tema Transversal na Educação*, Diss. Mestrado, PPSI, UFRGS, 2001).

definidas também por grupos de participantes pelos próprios adolescentes, tais como discussões, jogos, filmes, dramatizações etc. durante as dez oficinas realizadas.

## Os temas emergentes abordados nas oficinas

| | |
|---|---|
| Grupo 1 | **Adolescência e Sexualidade:** transformações biológicas e psicológicas ocorridas nessa fase, as angústias vividas, a relação com a família, etc. |
| Grupo 2 | **Sexo:** relações sexuais, virgindade, homossexualismo etc. |
| Grupo 3 | **Doenças Sexualmente Transmissíveis (DSTs)** – (todas menos a AIDS): quais são, como se contrai, formas de prevenção etc. |
| Grupo 4 | **AIDS:** formas possíveis de se contrair o vírus, formas de prevenção, a questão do preconceito, ter o vírus x ser doente etc. |
| Grupo 5 | **Relacionamentos Afetivos:** relacionamentos entre os adolescentes (meninos e meninas), com os pais, irmãos, sobre o *ficar* etc. |

## Resultados de uma intervenção: o discurso adolescente em análise

A seguir, relatamos as representações sociais significativas emergentes da análise de conteúdo que possibilitaram uma revisão apoiada nas abordagens psicanalíticas e sócio-cognitivas entre os adolescentes participantes e as pesquisadoras. O relato a seguir revela a riqueza de informações geradas pelos participantes durante as atividades. Como salientam Tonatto e Milnitsky-Sapiro (2002), a análise das categorias que emergiram das narrativas dos adolescentes mostra que eles se apropriam de certos discursos protagonizados pelo social e esses discursos, por sua vez, acabam por surtir efeitos de "verdade" sobre esses jovens. Muitos dos discursos dos alunos referentes à sexualidade correspondem a visões hegemônicas com relação ao corpo, relações de gênero e identidade sexual.

A análise está organizada em três momentos diferentes, cada um deles conduzido por uma categoria emergente a partir dos temas sugeridos relacionados, que servem para subsidiar a análise teórica. As categorias analisadas foram:

## As representações dos alunos sobre sexualidade

A representação social da sexualidade está ancorada nas imagens e informações veiculadas pela mídia, ancorada em metáforas maliciosas, e foi representada pelos adolescentes antes das oficinas como a atividade sexual, somente a relação sexual entre homem/mulher, colocada sempre através de expressões maliciosas ou biológicas "normalizadoras" nas quais os aspectos psicológicos, sociais, históricos e culturais permanecem obscuros e praticamente despregados dos indivíduos. Os estereótipos também aparecem ancorados às representações de sexualidade: "as meninas fáceis" e "os galos" (os meninos que só procuram o sexo ao aproximarem-se das garotas).

Durante as oficinas, percebemos que as representações de alunos e professores sobre sexualidade estão limitadas quase sempre à relação sexual entre um homem e uma mulher. Isso pode ser percebido na fala de Gabriel[6]:

> Sexualidade pra mim? (...) Acho que é manter relações sexuais com uma outra pessoa do sexo oposto... com quem tu é chegado, com quem tu te entende legal... acho que é isso.

Igualmente o discurso da professora Laura, explicita suas próprias representações, "estranhamentos", estereótipos e dificuldade em lidar com o tema, não distantes das mesmas metáforas

6. Os participantes aqui mencionados têm nomes fictícios.

nas quais as representações de seu alunos estão ancoradas. A tentativa de "ser aberta", não preconceituosa, em abordar o tema sexualidade em sala de aula, busca basicamente o suporte biológico, principalmente voltado para o estabelecimento de uma "normalidade" da sexualidade e da conduta sexual e para o tratamento das questões vinculadas à saúde e à doença, e "normalização" que, por sua vez, contribui para a manutenção desse tipo de representação:

> ... Agora eles perguntam... Eles perguntam sobre o tamanho do pênis em sala de aula (...) Assim, quando tem laboratórios, oficinas, eles perguntam se isso é normal, se isso não é normal... eles perguntam sobre a Aids, como é que a Aids pega, como é que a Aids não pega (...) o que acontece, o que não acontece....

Os professores, portanto, apesar de perceberem a necessidade de adotar uma maior abertura para o tratamento das questões relativas à sexualidade na escola, continuam sem subsídios adequados para trabalhar essas questões. Sendo assim, geralmente, acabam por depositar na abordagem fundamentalmente biologizante o discurso que visa, mais que tudo, exercer a função de estabelecer um saber que preserva o educador perante os questionamentos "leigos ou maliciosos" dos alunos, e o protege, acima de tudo, do desconforto em relação aos seus próprios questionamentos, receios e ansiedades. Laura explicita ainda que há uma "forma adequada de interlocução" em sala de aula entre alunos e professores e que questões relacionadas à sexualidade devem ser feitas pelos alunos com "educação", caso contrário, devem ser ignoradas.

> ... Se a pergunta for séria, foi feita com educação, não tem porque a gente não responder... Agora, se a pergunta é pejorativa... tá sendo feita num sentido de deboche... aí claro que a gente corta (...) Não tem porque dar continuidade.

Dessa forma, ao vincular a sexualidade a um enfoque simplesmente biológico, a escola enquanto instituição nega no discurso oficial fatores psicológicos, sociais, históricos e culturais que têm igual peso nas questões sobre sexualidade, oficializando, assim, esse saber "desencarnado" para os sujeitos que dela se apropriam.

## Os relacionamentos afetivos e a sexualidade

Um dos aspectos cruciais na resolução da identidade durante a adolescência é a identidade sexual. Com a perda do corpo infantil e as mudanças maturacionais impostas o jovem tem de re-encontrar sua imagem e o próprio corpo, e é como lembra Giongo (1998)

> o acesso à genitalidade e seus corolários perceptíveis não apenas modifica o corpo, mas também seu estatuto. O corpo muda de estatuto porque a genitalidade ocupa uma posição central para o sujeito. Por um lado, o sujeito só conquista sua identidade pela pertença a um dos dois sexos. Por outro, é o outro, o semelhante do outro sexo, que detém o poder de reconhecer em seu corpo, um corpo genitalmente maduro, desejável e desejante (1998, p. 35).

Durante a adolescência, os jovens procuram a inserção no social buscando modelos e representações e valores que os reconheçam como sexualizados, e o grupo de pares, seus iguais, passa a ter um valor fundamental nesse período.

A importância que os adolescentes dão aos seus iguais, seus pares, a maioria absoluta dos adolescentes dá para os amigos no que se refere às conversas sobre sexualidade. Quase todos colocam, em momentos diversos, o fato de que os amigos são a grande fonte de esclarecimentos de dúvidas, inclusive sexuais, e o apoio nas horas mais difíceis. Quando questionada sobre as pessoas às quais ela recorreria caso tivesse dúvidas sobre sexualidade, Joana responde:

> Acho que primeiro perguntaria pras minhas colegas, assim (...) Aí, depois, se elas não soubessem me responder, aí talvez eu perguntaria pra minha mãe.

Segundo os próprios adolescentes, isso se deve ao fato de que por terem explicitada uma idade muito próxima e como amigos, entendem melhor os problemas da adolescência do que "qualquer outra pessoa". A reavaliação dos papéis parentais é inevitável. O lugar ocupado pelos pais e seus discursos parentais cede à autonomia buscada nesta fase. O outro é o que o identificará como um indivíduo sexualizado.

Com o advento de um modo de sexualidade descartável, própria da contemporaneidade é o *ficar*. Durante as oficinas esse tema surgiu repetidas vezes na tentativa de entender como exercer a sexualidade a partir do corpo do outro. Carlos diz:

> Ficar é só coisa de atração... só para se divertir numa festa, não tem nada a ver! Depois se a gente for conhecer melhor, a gente vai ver se dá mesmo ou não pra ficar mais tempo (...) mas isso daí já é pelos sentimentos... muito mais do que pelo corpo.

Desse modo, percebemos claramente que esse tipo de relação está fundamentada na atração física, no erotismo, na existência da "não-exclusividade" de ambas as partes e no seu aspecto passageiro. Os adolescentes em questão procuram esse tipo de relacionamento como forma de experimentar a intimidade e uma série de desejos, sentimentos e emoções relacionados a ela, sem, contudo, precisarem estar vinculados a um compromisso com outra pessoa. Além disso, o ficar "permite ao adolescente ser reconhecido e reconhecer-se ocupando uma posição sexuada" (Giongo, 1998, p. 8).

Durante as discussões, constatamos a curiosidade valorativa dos jovens meninos e meninas, querendo ter acesso às metáforas sob as quais o outro sexo exercita o ficar (e mesmo com relação a outros assuntos relacionados à sexualidade).

Representações estereotipadas de gênero são explicitadas, como na fala de Joana:

> Quando os guris ficam com um monte de meninas, eles levam fama de garanhão. Mas, quando nós ficamos com um ou dois guris já levamos é fama de galinhas mesmo (...) Isso é tri-injusto"!

As relações de gênero, portanto, também foram incluídas nas discussões com os adolescentes, visto que os discursos que circulam nos espaços em que os adolescentes têm acesso são carregados de estereótipos que permeiam, dessa forma, as construções que os jovens fazem com relação ao feminino e ao masculino. Ainda detectamos facilmente a mensagem de que as meninas são "criadas" para serem mais meigas e sentimentais e os meninos mais rudes e racionais, sem se conscientizarem de uma rede complexa de relações de poder que, em diferentes momentos da história, privilegiou a construção da feminilidade e da masculinidade sob esses moldes com propósitos ideológicos.

## O corpo e a sexualidade

Questões pertinentes às mudanças do corpo permearam a discussão e o diálogo com os adolescentes durante todo o trabalho realizado. Os jovens demonstraram a percepção de que as modificações que estão ocorrendo na sua afetividade, valores e expectativas decorrem, também, de processos que estão promovendo a transformação do seu corpo em um corpo adulto, dotado de atributos sexualizantes. Além disso, os jovens percebem que o seu corpo é visto e/ou analisado pelos outros, exigindo, portanto, uma série de cuidados para ser aceito e desejado. Desse modo, revela-se a grande preocupação com a aparência que os adolescentes apresentam.

A preocupação com as roupas, com o cabelo, com as erupções na pele, com a linguagem, entre outras coisas, é sintomática da fase pela qual os adolescentes estão passando, e simboliza a busca por uma identificação com o grupo de pares, ao mesmo tempo em que marca o período de desidealização das figuras parentais (Meira, 1995, p. 103).

A mídia, por sua vez, exerce um papel de educadora informal que tem atraído muito os jovens na atualidade. Com relação aos corpos adolescentes, o discurso predominante aparece ancorado nas metáforas do corpo feminino que é "estimulante" para o outro, deve ser "controlado" segundo padrões estéticos gerados pelo consumo e mídia. Uma das alunas participantes, que nomeamos Rita, explicita essa característica:

> A gente tem que ser magrinha, tem que estar bronzeada e tem que ter cabelo comprido pra ser considerada bonitinha.

Como refere Tonatto (2001), os adolescentes, principalmente as meninas, demonstram a influência da valorização social de um determinado padrão estético e, a partir disso, ficam muito preocupados com a manutenção de um ideal de corpo e de beleza. Além desse fator, a forma cartesiana que ainda é utilizada para estudarmos o corpo humano nas salas de aula das 7$^{as}$ séries, isto é, "secionado" metaforicamente para que através dos estudos de suas partes os alunos venham a compreender o todo, faz com que a escola exclua a cultura e o cotidiano, e sobretudo a singularidade de cada corpo.

## HIV–AIDS

Assim como em outros estudos sobre HIV-Aids (1996) como os de Sontag (1989) e Joffe (1996), por exemplo, encontramos que o vírus HIV e a doença Aids estão ancorados no "outro", no grupo "de fora", "no não pertencente". Segundo Joffe (1996) essa ancoragem aponta um processo de proteção de identidade (1996, p. 178), que localiza a doença *fora*, como *o estranho,* e, principalmente, no caso dos adolescentes, o risco nunca ou raramente é considerado um fenômeno *in-group*.

No caso de um grupo cultural em que a identidade constitui uma questão de relevância como o grupo de adolescentes, o "outro" é colocado no "corpo objetificado" mais conveniente; assim, os meninos representam para as meninas adolescentes o desafiador "*out-group*", como para esses, as meninas adolescentes são a "*tentação vizinha*" (como eles cantam no samba que compuseram durante as oficinas). O grupo 4 compôs o que intitularam "O pagode do desprevenido" (um pagode – que foi cantado com acompanhamento de pandeiro, bumbo e cavaquinho). Com esta composição, o grupo procurava frisar a importância do uso da camisinha e, mostrava o pânico que a pessoa deve sentir quando tem ciência de que está contaminado pelo vírus por não ter transado com preservativo. Além disso, fala de uma situação específica na qual o menino sente-se atraído pela vizinha, mas não pode esquecer a camisinha para não ter problemas depois. Após a apresentação do grupo, foi discutida a questão da diferença entre ser um portador do vírus da Aids e ser doente de Aids. Ainda foram discutidas as formas de transmissão do vírus e a questão do preconceito social com relação aos portadores, mesmo quando se tem informação sobre as formas de transmissão da doença.

E os jovens reproduziram com letras de *rap* seus medos e inseguranças em relação aos riscos que o exercício da sexualidade apresenta, assim como percebem as mudanças em seu próprio corpo:

***Mudanças Em Mim***
*REFRÃO*
*Adolescência é demais*
*Faz mudar tudo em mim*
*Agora já não sei mais*
*Se vai ficar tudo assim*
*Mas não posso parar*
*Sem passar por aqui*
*Eu não posso parar*
*Sem passar por aqui*

*Pra gente fugir da espinha*
*Eu pego a pomada e esfrego-a todinha*
*Pro meu namorado me achar bonitinha*
*Eu fico na boa, eu fico sem dor*
*Não posso lutar contra o tempo*
*Mas devo enfrentar o momento*
*Eu posso fazer o que for*
*Mas não posso passar dessa fase que estou*
*REFRÃO*
*Agora não tenho mais cólica a noite inteira,*
*A semana todinha*
*Domingo a domingo*
*Janeiro a janeiro*
*Tomei um remédio e tudo passou...*

Os homossexuais masculinos são caracterizados como *desviantes*. As meninas colocam no *"outro"* o comportamento promíscuo, identificado junto com "transa sem amor". O medo da doença HIV-Aids é tão real e objetificado que os participantes organizaram um grupo ou módulo separado das DSTs e sexualidade nas oficinas unicamente para discutir a questão da doença, muito embora o tema estivesse presente nos outros módulos igualmente.

## As questões da sexualidade na educação

A sexualidade é um tema que aparece "transversalizado" na cultura, permeando-a de diversas maneiras, e permeando, conseqüentemente, a vida dos jovens adolescentes. Podemos perceber isso na forma como os alunos se comportam, na forma como eles se relacionam entre si e nas suas falas, uma vez que em todos esses aspectos a sexualidade é um tema que aparece de forma urgente.

Os adolescentes se comportam e relacionam de forma a buscar reconhecer-se e serem reconhecidos a partir de uma posição sexuada.

Sendo assim, jogos de sedução são colocados em prática de inúmeras formas o tempo todo, o ficar é privilegiado e, mesmo no que se refere às amizades, o toque (seja através de abraços entre as meninas ou tapas entre os meninos) assume grande importância nas relações cotidianas. Nas falas dos adolescentes, de inúmeras formas, a sexualidade aparece como uma questão primordial, mas algumas vezes é visível a dificuldade que eles apresentam de se expressar com relação a esse assunto. Sendo assim, artifícios como as brincadeiras e as piadinhas são utilizados no intuito de chamar a atenção para a sexualidade que aflora em "seus corpos e almas".

Sem uma proposta prescritiva, as oficinas procuraram facilitar a reflexão e discussão das idéias e representações que os alunos apresentam como "ideais" com a finalidade de problematizar o conteúdo de suas crenças e discursos possibilitando a apropriação crítica em relação aos seus processos identitários.

Observamos que os temas propostos pelos alunos para o trabalho sobre sexualidade nas oficinas estavam, em sua maioria, relacionados a aspectos biológicos, psicológicos e sociais (família, relação sexual, transformações na adolescência, homossexualismo, diferenças entre meninos e meninas, etc.). Assim sendo, esse fato corrobora a nossa posição em relação à importância da realização de um trabalho de cunho permanente, fundamentado na interdisciplinaridade. A abordagem interdisciplinar pode contribuir para a busca de resoluções fundadas em raciocínio crítico e conhecimento na problematização dos temas referentes à sexualidade por parte dos adolescentes, de uma forma integrada e não alienada ao contexto em que vivem.

No entanto, para que a transversalidade e a interdisciplinaridade se efetivem, a prática na relação ensino-aprendizagem deve ser ressignificada substancialmente. As modificações na estrutura do planejamento curricular são necessárias, uma vez que a base tradicional do ensino brasileiro não possibilita o desenvolvimento de um trabalho diferenciado (interdisciplinar e transversal), pois está fundamentada em princípios e objetivos que não condizem mais com a contemporaneidade. Entendemos que o currículo, adequadamente construído, deve atender às necessidades dos alunos e professores de compreender a sociedade na qual vivem, favorecendo o conseqüente desenvolvimento de diversas capacidades, tanto técnicas quanto sociais, que os auxiliem em sua localização dentro da sociedade como pessoas autônomas, críticas, democráticas e solidárias.

Ao levarmos em consideração que cada escola possui uma cultura e identidades próprias, que a constituem e, conseqüentemente, diferentes possibilidades de ação, o que sugerimos é que os Parâmetros Curriculares Nacionais (PCN), documentos propostos pelo Ministério da Educação (MEC), sejam utilizados pelas diferentes escolas, não na sua íntegra, como um manual de reformulação curricular, mas, sim, como um instrumento, ferramenta que propicie uma reflexão e discussão acerca dos processos de subjetivação e a apropriação de elementos do conhecimento psicológico sobre o ensino atual, como forma de se mobilizar a equipe escolar para a promoção de transformações na base do ensino tradicional. Os corpos docentes e discentes têm faces e muito mais.

A escola como lugar para a intervenção porque é, ainda, a instituição social mais estável, ou menos descartável, propiciando um ambiente para a construção de valores, incluindo os adolescentes de classe média. A apropriação do espaço transversal proposto oficialmente decorre da intenção de avançarmos na tradução de conhecimentos científicos em um espaço legítimo de saber que propõe a interdisciplinaridade e a desfragmentação possibilitando a re-significação da escola como instituição social e possibilitando ainda que o cotidiano tenha um espaço significativo no currículo oficial.

Nossa experiência com esse e outros estudos mostra que a adolescência é um grupo particularmente sensível no que se refere à proteção de identidade por razões explicitadas anteriormente, mas, também, altamente receptivo à informação científica coerente, significativa, que é contextualizada e traduzida para seu vocabulário e valores partilhados enquanto cultura. Podemos atribuir essa sensibilidade e resiliência à competência que lhes é característica em julgamento reflexivo e raciocínio crítico e à busca pertinente por referências externas compatíveis à sua luta interna por identidade.

A intervenção aqui relatada, centralizou as sessões das oficinas na interdisciplinaridade e transversalidade de informação científica, tornando possível o desafio às crenças e representações sociais sobre sexualidade e HIV-AIDS a partir do *in-group context*; isto é, permitindo que a pesquisadora-facilitadora utilizasse discussões e técnicas de raciocínio crítico a partir de situações e dilemas gerados pelos próprios sujeitos participantes e seus grupos temáticos.

O conhecimento e acesso às representações sociais que os adolescentes partilhavam previamente à intervenção, assim como o recurso aos textos de psicanálise que subsidiam a construção desse conhecimento, possibilitaram a inclusão de novos conceitos a partir dessa apropriação, oferecendo assim aos sujeitos participantes novas metáforas para o processo de ancoragem de seus processos intersubjetivos. Um exemplo a partir do grupo com o qual a pesquisa foi desenvolvida, refere-se ao aspecto de proteção de identidade como ser sexuado perante o grupo, e não mais localizado somente na sua representação social da doença e do virus HIV-Aids, como ilustra a fala de um participante: *"aqueles que não discutem o problema, que têm medo ou vergonha de falar sobre a sexualidade, e de sua inexperiência. É a questão de mostrar ansiedade por ser sexualmente ativo ou não para o grupo"*

A descrição etnográfica permitiu que os pesquisadores pudessem traduzir o conteúdo científico relativo às metas da intervenção para as representações sociais dos adolescentes. Entretanto, é importante apontar que outras avaliações são necessárias para verificar considerações dos jovens relativas a estereótipos e à manutenção do processo de ancoragem em informações científicas e aspectos identitários. Interpretações à luz da cultura e da psicanálise constituem ferramentas importantes.

Voltando ao nosso adolescente de 20 anos, Felipe (visibilizado pela mídia através de seu drama pessoal com toda sua bagagem identitária incluindo o nome e o do pai), a matéria jornalística lembra que ele fez a primeira tatuagem aos 11 anos de idade – "um sol na coxa direita" – levado pela mãe. Depois disso, "evolue" nas incursões pelo próprio corpo fazendo com que sua imagem adquirisse uma identidade peculiar que lhe garantiu o status de celebridade na web.

Não cabe aqui, nem é nossa competência analisar, o caso Felipe à luz da psicanálise. Cabe, porém, lembrar que a maioria dos jovens, por inúmeras razões, não tem acesso ao *setting* clínico, enquanto um grande contingente tem acesso à educação formal pública e privada. O saber psicanalítico deve, então, ocupar um espaço de interpretação dos processos subjetivos e intersubjetivos que subsidie práticas pedagógicas que suportem e acolham os jovens na busca desse lugar no social, e mesmo que não tenham "tudo para serem felizes" possam compreender um pouco melhor a passagem adolescente.

Como nota conclusiva queremos reafirmar que consideramos o lugar da produção psicanalítica como uma ferramenta crucial em intervenções pedagógicas para adolescentes e, ainda, no que diz respeito a outras contribuições deste projeto, constatamos possibilidades de mudança e conscientização por parte de professores de outras disciplinas envolvidas, além da Biologia, pois sentiram-se convocados à reflexão e discussão de outras propostas interdisciplinares como fazer pedagógico integrante do currículo.

## Referências bibliográficas

Berman, Marshall. *Tudo que é sólido desmancha no ar – a aventura da modernidade.* Trad. de Carlos Felipe Moisés e Ana Maria L., Ioriatti. São Paulo: Cia. das Letras, 1987.

Blos, P. *Transição adolescente.* Porto Alegre: Artes Médicas, 1996, 343p.

Brasil, MEC. *Parâmetros curriculares nacionais: terceiro e quarto ciclos do ensino fundamental: introdução aos parâmetros curriculares nacionais.* Brasília: MEC/SEF, 1998a.

________. *Parâmetros curriculares nacionais: terceiro e quarto ciclos do ensino fundamental: temas transversais.* Brasília: MEC/SEF, 1998b.

Britzman, D. Curiosidade, sexualidade e currículo. *In*: Louro, G.L. *O corpo educado: pedagogias da sexualidade.* Belo Horizonte: Autêntica, 1999. pp. 83-111.

Erikson, E. *Identidade, juventude e crise*. São Paulo: Zahar, 1976 (originalmente publicado em 1968), 322p.

Foucault, M. *Vigiar e punir*. Rio de Janeiro: Vozes, 1987.

Freud, A. Adolescência. *In*: *Revista da Associação Psicanalítica de Porto Alegre*, ano 5, n. 11, pp. 63-85, 1995. (originalmente publicado em 1958)

Freud, S. Três ensaios sobre a teoria da sexualidade. In: *Obras Psicológicas Completas de Sigmund Freud: Edição Standard Brasileira das Obras Completas de Sigmund Freud*, v. 7 pp. 118-230. Rio de Janeiro: Imago, 1989. (Originalmente publicado em 1905.)

Giongo, A.L. *O "ficar" e sua função na constituição subjetiva do adolescente*. Porto Alegre, Dissertação de Mestrado. Universidade Federal do Rio Grande do Sul (UFRGS), Instituto de Psicologia, Pós-Graduação em Psicologia do Desenvolvimento, 1996.

Joffe, H. Social Representation of AIDS: Towards Encompassing Issues of Power. *In: Papers on Social Representations*, (v.4 (2) 29-41, 1995.

Louro, G.L. Segredos e mentiras do currículo – sexualidade e gênero nas práticas escolares. *In*: Silva, L.H. *A escola cidadã no contexto da globalização*. Petrópolis: Vozes, 1998, pp. 33-47.

Lasch, Christopher. *A cultura do narcisismo – a vida americana numa era de esperança em declínio*. Trad. de Ernani Pavaneli Moura. Rio de Janeiro: Imago, 1983. 320 p. (Série Logoteca).

__________. *The Minimal Self – Psychic Survival in Troubled Times*. New York: Norton & Company, 1984..

Marcio dos Santos, R. (1999) . "Educação Moral e 'Física1': Raciocínio Crítico e Educação Sócio-Moral como Conteúdo Programático da Educação Física", Dissertação de Mestrado, PPGPD- UFRGS.

Meira, A.M.G. Jogos de adolescentes. *In*: *Revista da Associação Psicanalítica de Porto Alegre*, ano 5, n. 11, pp.101-104, 1995.

Menegaz. V.C.; Milnitsky-Sapiro, C. Capricho ou oráculo: Representações na imprensa sobre adolescentes. *In*: *Revista de Ciências Humanas;n*. 6 - Representações Sociais: Questões Metodológicas, 2002.

Milnitsky-Sapiro e cols. Transformative education in cultural context: education for democracy in Brazil and the United States. *In: Association for Moral Education Annual Convention*. Atlanta, Georgia, 1997.

__________. *Construção de valores e desenvolvimento sócio-moral na adolescência*. Porto Alegre: Projeto de Pesquisa. Universidade Federal do Rio Grande do Sul (UFRGS), Instituto de Psicologia, 2000.

Milnitsky-Sapiro, C. Desenvolvimento Sócio-Moral e Aspectos Culturais do Parentesco". *Psicologia: Teoria e Pesquisa*, n. 6, pp. -72-86, UNB, Brasília, 1996.

Milnitsky-Sapiro, C. ; Cantergi, M.; Alvarenga P.; Sperb. B.C. *A Personal or moral issue? Social and Moral Reasoning of Southern Brazilian Adolescents about Teenage Pregnancy and Abortion. Society for Research in Child Developmen.* Indianapolis, March, 1995.

Milnitsky-Sapiro, C.; Cestari, F. L.; Giongo, A. "Practice of Democratic Dialogue in a Public School in Brazil: A Re-Evaluation of Rights, Norms and Obligations. MORALS for the MILLENIUM". *The Journal of Moral Education Conference.* Lancaster, England, July, 1996.

Milnitsky-Sapiro, C.; Berman S.; Briones E.; Kurtines, W. *Moral Identity, Moral Education, and Democracy: The Brazilian Experience. Society for Research on Adolescence.* March, Boston, 1996.

Moscovici, S. *La psychoanalyse, son image et son Public.* Paris: Presses Universitaires de France, 1961.

__________. On Social Representations, *In:* Forgas J.P. (eds.) *Social Cognitions, Perspectives in Everyday understanding.* London: Academic Press, 1981.

__________. The Phenomenon of Social Representations. R. M. Farr & S. Moscovici (eds.), *In: Social Representations*, 3-69, Cambridge/Paris: Cambridge University Press Maison des Sciences de L'Homme.

Oliveira, Antunes, R. "A tragédia de Felipe Klein". *JÁ*. Porto Alegre: Edt. Ltda. 2004.

Rassial, J-J. Hipóteses sobre adolescência. *In: Adolescência: Revista Psicanalítica de Porto Alegre,* ano 5, n. 11, pp. 25-30, 1995a.

__________. Entrevista com Jean-Jacques Rassial. *In: Adolescência: Revista Psicanalítica de Porto Alegre*, ano 5, n. 11, pp. 87-100, 1995b.

__________. *A passagem adolescente.* Porto Alegre: Artes e Ofícios, 1997. 198p.

Santos, L.H. S. Incorporando outras representações culturais de corpo na sala de aula. *In*: Oliveira, D.L. *Ciências nas salas de aula.* Porto Alegre: Mediação, 1997, pp. 97-112.

Sontag, S. *Ilness as a Metaphor, Farrar, Straus and Giroux.* New York: 1978.

THE MAORIS OF NEW ZEALAND. http://www.geocities.com/TheTropics/Shores/9338/

Tonato, S. Adolescência "Corpo e Alma": Abordando um Tema Transversal na Educação Formal Dissertação de Mestrado. Curso de Pós-Graduação em Psicologia Social e Institucional, Porto Alegre, RS, 2001.

Weeks, J. O corpo e a sexualidade. *In:* Louro, G.L. *O corpo educado: pedagogias da sexualidade.* Belo Horizonte: Autêntica, 1999, pp.35-82.

Wolfangang, W. Description, Explanation & Method in Social Representation Research. *In:* Textos em Representações Sociais, P.A. Guareschi, and S. Jovchelovitch (eds.) Edits Vozes Ltda., 1994, v.4 (2) 1-176, 1995.

Woodward, K. Identidade e diferença: uma introdução teórica e conceitual. *In:* Silva, T.T. da (org.). *Identidade e diferença: a perspectiva dos estudos culturais.* Petrópolis: Vozes, 2000, pp. 7-72.

Capítulo 7

# *Capricho* ou oráculo: representações na imprensa sobre adolescentes

*Camila Vital Menegaz, UFRGS & Clary Milnitsky-Sapiro, UFRGS*

A adolescência é uma etapa que desencadeia processos psíquicos necessários nos indivíduos para elaborarem sua nova condição como sujeitos sexuados e não mais crianças. O trabalho psíquico que o adolescente precisa desenvolver para processar as mudanças pubertárias envolve o "fabricar" de uma nova imagem de si para enfrentar o que lhe será imposto a partir desse momento. O adolescente deverá assumir uma nova postura e adotar um novo papel. Os pais não podem mais "escorar" o sujeito adolescente e o jovem se depara com diversas dificuldades ao vivenciar as mudanças com seu corpo.

Segundo Dolto & Dolto-Tolitch (1993), o adolescente passa a ler no olhar do outro sua imagem e, assim, tenta construir uma nova dimensão imaginária de si. É o semelhante de outro sexo que detém o poder de reconhecer o corpo do jovem, um corpo genitalmente maduro, desejável e desejante. Ocorre aí, além do reajuste da imagem, uma mudança em seu valor (Giongo, 1998). Na infância, esse valor era ditado pelos pais. Agora, o adolescente busca no olhar de um outro adolescente as referências para "ser semelhante", porém de outro sexo; de despertar o desejo do sujeito, sendo então um objeto; garantir a substituição dos pais como referentes últimos da palavra para poder ser amado (Rassial, 1990).

## A mídia e o processo adolescente

A globalização exacerba o viver intensamente no qual o indivíduo e consumidor (que são indissociáveis) buscam o SER a partir do TER, e os meios de comunicação desempenham um papel de relevância fundamental. A mídia tem feito com que as pessoas de um modo geral passem por um processo de exposição de suas vidas e de sua intimidade, principalmente no que diz respeito à "verdade" desses indivíduos como sujeitos de uma sexualidade. O tipo de poder em jogo atualmente é o que atinge o cotidiano das pessoas, aquele que se ocupa de saber o que passa na consciência de cada um, o que se dá através da exploração das almas, corpos e segredos dos indivíduos e que produz verdades nas quais todos devem reconhecer-se e pelas quais são reconhecidos (Fischer, 1996).

É a mídia que dita essas "verdades", e para as adolescentes do sexo feminino, foram criadas revistas que legitimam tais "verdades-imagens", fazendo com que sejam assumidas como absolutas pelas meninas leitoras. Essas adolescentes são incitadas a adotar determinada postura, certa atitude, peso, dieta ou forma de se vestir. Segundo Fischer (1996), muitas vezes esse direcionamento é tão sofisticado na forma de imagens, fotografias e textos publicitários que iludem e inebriam, aprisionando os jovens a um padrão estabelecido sem perceber o que lhes acontece. Lasch (1987) e Giongo (A.L., 1998), apontam às sociedades fundadas no consumo em massa o quanto estimulam incrivelmente a atenção às imagens e impressões superficiais. As pessoas perdem a iniciativa e a autoconfiança, vivendo em uma eterna ansiedade e desconforto na busca de objetos reconhecidos como "ícones de" pertencimento "oferecidos pelo mercado".

Giongo (1998) constatou, em uma série de entrevistas com adolescentes realizadas em uma escola de Porto Alegre, que adultos (os mestres da escola) e adolescentes (alunos da escola) conferem à mídia um importante papel em seu desenvolvimento. Para eles, a mídia exerce uma influência inegável em seu comportamento que inclui o gestual e o "aparecer" da moda. Além disso, as revistas dirigidas às meninas preocupam-se com a "alma" da adolescente, com o estar "alegre", estar "de bem com a vida", não estar "de mal com o mundo", de forma que possam lidar bem com os amigos, com os meninos, com a família e com elas mesmas. Presentes também, estão as "verdades" da adolescente enquanto sujeitos de uma sexualidade, de um corpo desejável e desejante que enfrenta mudanças que a tornam "anormal" e "estranha" ou "bela" e "interessante".

## Metodologia

### Delineamento

O delineamento do presente estudo é de caráter descritivo, integrando duas etapas de investigação: a análise de conteúdo dos textos e temas da revista *"Capricho"* e a análise de conteúdo das narrativas das meninas que participaram das entrevistas possibilitando-nos discriminar a "construção de uma representação social de adolescente do sexo feminino, entre 13 e 17 anos de idade". Principalmente mas não somente, de classe média, e em Porto Alegre, RS. Acreditamos que se esse estudo for feito em outros estados, resultados muito semelhantes serão obtidos.

### Participantes

A pesquisa foi desenvolvida em duas escolas de Porto Alegre, RS. A seleção das escolas foi feita de maneira aleatória, utilizando apenas como critérios uma escola pública e uma escola particular que tivessem em seu quadro discente, alunos de classe média e que, pudéssemos encontrar leitoras da revista *Capricho*.

Para a seleção dos entrevistados, utilizamos os seguintes critérios: voluntariedade; sexo feminino (leitoras); leitoras da *Capricho*; idade: 11 a 17 anos, e segmento sócio-econômico.

## Procedimentos

As entrevistas foram feitas individualmente durante o recreio nas duas escolas, cada aluna assinou um termo de compromisso declarando estar participando voluntariamente da pesquisa.[1]

## Análise dos resultados

A análise de conteúdo utiliza procedimentos sistemáticos, os quais veremos mais adiante. No entanto, tal método também requer esforços de interpretação e oscila entre os pólos da objetividade e da subjetividade (Stein, 2000). Por essa razão, essa técnica permite a realização de uma leitura mais fecunda dos discursos, podendo pautar-se por um objetivo de quantificação que, igualmente, pode também atentar para o caráter mais subjetivo dos discursos[2], ou seja, para aquilo que permanece oculto, escondido e latente nas narrativas. Conforme Milnitsky-Sapiro (1996), nomeamos categorias uma palavra, um termo ou uma expressão que melhor exemplifique e caracterize o conteúdo identificado nas narrativas.

## Procedimentos para a análise

Num primeiro momento, após a transcrição do conteúdo gravado em fitas cassete, as entrevistas foram lidas para a apreensão de seu conteúdo. Após uma primeira "leitura flutuante", foram identificadas unidades de sentido, ou seja, foram demarcadas as frases ou parágrafos que, juntas, destacam-se da narrativa por expressar um conteúdo significativo. Desse processo emergiram categorias que auxiliaram na identificação e leitura da representação social de

---

1.Bem como ciente dos objetivos do estudo, os quais foram explicados para cada adolescente antes do início das entrevistas. Nessa declaração, as adolescentes autorizaram também a divulgação dos dados por elas informados, desde que fosse feito anonimamente.

2. Os nomes de todas as meninas citadas nesse trabalho são fictícios para preservar a intimidade das entrevistadas.

adolescente construída e oferecida para a sociedade, bem como a assimilação e interpretação dessa representação pelo "público-alvo".

## Discussão e análise dos resultados

### *O capricho* das meninas adolescentes

Ou.... Oráculo, Guia, Manual de Comportamento ou o quê?

*"É uma revista bem amiga, tu desabafa, é legal"*. Esse comentário de Bianca[3], 14 anos, evidencia a importância do papel que a *Capricho* desempenha na vida das adolescentes. É um espaço para desabafar, para contar os problemas e encontrar as soluções, para buscar o apoio na hora do desespero causado por aquele menino que não deu "oi" no dia seguinte ou desencadeado pelas espinhas que insistem em marcar a pele do rosto, deixando a menina "horrorosa".

Na busca por essa "ajuda" tão necessária e "milagrosa", as adolescentes não assimilam o conteúdo com a intenção de julgá-lo. Ao contrário, o conteúdo da *Capricho* já é pré-julgado no momento em que a adolescente adota a revista como "a preferida", a "amiga com quem podemos desabafar". As meninas lêem a *Capricho* certas de que têm nas mãos um guia poderoso para enfrentar a vida adolescente. Assim, não percebem as contradições e antagonismos de um discurso "esclarecedor" e intimista, se, por e.x., a revista ensina truques e receitas naturais para secar as espinhas do rosto e logo depois, na mesma edição ou na seguinte, lista uma infinidade de produtos industrializados, indicados para a mesma finalidade.

O vínculo estabelecido entre a revista e as meninas, e a representação social do que é ser uma jovem adolescente de classe média, são os objetivos desse estudo. Esse vínculo foi analisado, inicialmente, através dos aspectos editoriais da *Capricho*, os quais, por sua vez, produzem um discurso ambíguo, sempre direcionado para a questão do parecer bem para o outro do sexo oposto e os meios de adqui-

3. Comentário informal feito por uma menina de 16 anos acerca da revista.

rir os atributos desejados, oferecidos "sutilmente" através da mensagem publicitária (com seus atributos descartáveis) e do consumo. As adolescentes são receptivas às ofertas de formas de "SER, TER e PARECER", e o vínculo mantém-se forte, conforme as categorias emergentes da análise de conteúdo revelaram.

Isa, 12 anos, dá uma pista do que as meninas procuram ao ler a *Capricho*:

> A parte que eu mais gosto da revista é quando fala da vida da gente, como a gente deve agir. (...) Tem muito teste lá. E, às vezes, as respostas dos testes ajudam a gente em muitas situações, a gente acaba usando.

## A sexualidade como tema recorrente do "comportamento"

Outros exemplos de banalização e repetição de temas que caracterizam o pós-modernismo são as matérias de relacionamento e sexualidade. As matérias de namoro, juntamente com as matérias sobre sexo, sempre vêm acompanhadas do conselho de "esperar pela hora certa". Se a menina estiver com dúvidas a respeito de seus sentimentos, é melhor esperar a hora certa de se envolver de verdade com alguém. As matérias de comportamento e beleza são, sem dúvida, as mais procuradas pelas meninas, perdendo apenas para a seção Teste. Para elas, matérias especiais sobre drogas e bebidas, por exemplo, estão incluídas nesse item comportamento. As matérias sobre sexualidade, para as meninas, também estão enquadradas nesse título, já que *"como eu devo agir na primeira vez"*, por exemplo, ou *"se ele não conseguir transar comigo"* [4] são temas relacionados a uma questão de comportamento.

4. Cabe salientar que a tese de doutoramento de Rosa M. B. Fisher (1998), é um marco na análise da relação da mídia e produção de subjetividade na adolescência.

Quando se trata de sexo, principalmente da primeira vez, o conselho é o mesmo – "esperar a hora certa". A menina deve esperar o momento certo para transar, se decidiu ter relações sexuais com o namorado ou com outro garoto com quem não tenha compromissos. É melhor ter certeza de que é a hora certa para isso, diz sempre a *Capricho*. Tem de ser com o garoto certo, no momento certo, tomando os devidos cuidados para não engravidar, não pegar nenhuma doença sexualmente transmissível e, principalmente, sem esquecer jamais de usar camisinha. A revista insiste no ponto de que a utilização de um método anticoncepcional e de uma proteção contra Aids é responsabilidade tanto da menina quanto do menino e que ambos devem estar conscientes disso.

A "primeira vez de uma menina" é um tema que a revista toma como marco de orientação sexual. A adolescente de vida sexual ativa é sempre retratada, na seção: "Sexo, onde suas dúvidas podem ser respondidas – ou não". Matérias específicas sobre sexo que não digam respeito à primeira vez são raras e não foram encontradas em nenhuma das revistas analisadas dessa última década. A condição: "não sou mais virgem" de uma menina é tratada indiretamente através de matérias sobre gravidez indesejada, aborto ou como convencer os pais a permitirem uma viagem com o namorado se eles não sabem que a filha não é mais virgem.

## Repetição e banalização de temas

A repetição de temas e a ausência de novas informações demonstram uma desconsideração com o tema e, principalmente, com o leitor. No caso da *Capricho*, a desconsideração de um assunto e, conseqüentemente, do leitor, é uma característica perigosa, visto que o público-alvo da revista – as adolescentes – está vivendo o período mais delicado de seu desenvolvimento e estão carentes de "praticamente tudo", conforme depoimentos contidos nesse estudo.

Essa prática de repetição de temas é identificada por muitos estudiosos como uma característica importante do pós-modernismo (Rosa Maria Bueno Fischer, 1996). Presente em todos os meios de comunicação, essa característica pós-moderna é facilmente identificável na *Capricho*. É o apego ao superficial ao invés do profundo, as imagens citadas superpostas e não a superfícies trabalhadas. Essa repetição incansável de temas remete a outras características do pós-modernismo: a dessignificação, a desconstrução e a banalização. Em outras palavras, quanto mais se repetem os assuntos, quanto mais se trata dos mesmos temas, quanto mais se mostra a mesma foto, as mesmas cores ou a mesma diagramação, por exemplo, mais banal e "dessignificantes" esses assuntos vão se tornando.

## A identificação do "Certo e Errado"

A seção "Certo e Errado" também promove mais estereótipos. Nesse caso, a seção estereotipa as meninas, dizendo que elas devem ser magras, ter determinado corpo e, portanto, condições de usar as roupas que são mostradas e julgadas na seção. A técnica do espaço Certo e Errado é a seguinte: a revista fotografa algumas meninas nas ruas do país e, abaixo das fotos publicadas, diz se a produção está "certa" ou "errada". Depois, explica os porquês dessa definição, sempre exaltando os pontos positivos da produção considerados certos e os negativos da produção considerada errada. Enfim, a revista define a menina magra e com o corpo em forma como o ideal, o padrão de beleza a ser seguido que é exaltado nas matérias de moda e beleza. A seção "Certo e Errado" "julga e condena" as adolescentes e, até, as ridiculariza, conforme podemos observar na seção publicada na edição de dezembro de 1994:

> *"ERRADO. Nessa produção, o sapato de plataforma, que também é pesado, não está legal com esse vestido em cores claras. Para esta roupa, um tênis baixinho, uma sapatilha ou uma sandália seria bem melhor. Repare também na bolsa: a alça é tão comprida que bate abaixo do joelho. Ridículo"* (pág. 20).

## A linguagem da *Capricho*

Mesmo havendo certo cuidado com a correção da linguagem, certo excesso na busca de identificação com o público-alvo, e o uso de gírias do momento está presente na maioria dos textos, como alternativa para aproximar revista e público alvo. As meninas que falam e são faladas na *Capricho* ficam "iradas", acham algumas coisas "hilárias", "agitam mil lances" nos *"points"* de encontro da "galera", gostam de "papo cabeça", aprendem a "desencanar", envolvem-se em "rolos", costumam "ficar" com "gatos" ou "colírios" quando saem à noite, etc.

## Ambigüidades e contradições

O conteúdo dos textos da *Capricho* é marcado por ambigüidades e por contradições misturadas em textos que retratam a fantasia e o sonho, que detalham em minúcias a "normalidade" e a "anormalidade" das adolescentes, bem como as "formas milagrosas" para corrigir as "deformidades".

Juntamente como "as normais" vêm "as comuns" que são autoexcluídas do mundo da fantasia dos artistas, e dos famosos, porque eles não são pessoas comuns e, portanto, uma menina para namorálos também não pode ter essa característica. Deve ser "especial" como ele ou deve pertencer ao ambiente de *glamour* ao qual o ator em questão está inserido.

Porém, mesmo na conquista de "meninos comuns", a menina deve ser bonita e espirituosa. Se for bela, ótimo, a revista irá ensiná-la a ficar mais formosa ainda. Se não for, bem, para tudo a *Capricho* tem uma solução, então nada de pânico: a revista irá ensinar truques para "solucionar o problema". Nas respostas sobre como "consertar os erros do corpo", a *Capricho* utiliza expressões como "nascer assim", "esconder o arrepiado do cabelo", "disfarçar a barriguinha" ou "esconder aquela mancha no rosto" para situar a leitora em relação ao assunto, reforçando o "desvio".

## As categorias que compõem a representação das adolescentes

As categorias que emergiram da análise de conteúdo foram as seguintes:

### Dubiedade

Essa característica da *Capricho* está presente em matérias que envolvem, principalmente, temas polêmicos como drogas, bebidas e aborto. A opinião da revista ora é demonstrada claramente para ser, em seguida, sutilmente desfeita, ora é deixada no ar para *"fazer a menina pensar"*, sem contudo, dar subsídios suficientes para que a adolescente possa chegar a sua própria conclusão sobre o assunto.

O nome *Capricho,* como Fischer (1996) observou, é a "porta de entrada" para esse mundo de dubiedade – o título da revista quer dizer desejo súbito, impulsividade, fantasia e volubilidade, mas pode significar também aplicação, esmero, apuro. Em sua dubiedade e em suas contradições, a revista atua sobre a resistência dos mais jovens, mesmo que dispersa e fugidia, conforme descreveu Fischer.

### Ambigüidade

A revista é ambígua em seus textos, conforme o observado nas matérias sobre aborto, por exemplo, quando procura ser a "amiga que ensina e aconselha a menina a se cuidar", que ameaça informando de possíveis conseqüências de um aborto, mas que acaba indicando formas de se realizar ao detalhar as formas utilizadas pelas adolescentes que o praticaram. O texto é redigido de forma que tais "técnicas abortivas" descritas não "passam um propósito pedagógico", mas sim, de que estão sendo oferecidas dicas de como interromper uma gravidez indesejada.

*Capricho* é ambígua também ao não tomar posições nas matérias de bebidas e drogas, mostrando o lado ruim, "ensinando" a adolescente a não julgar usuários de drogas ou bebidas mas, ao mesmo tempo, deixando a menina pensar e decidir se é bom ou não, se realmente faz mal ou não. O mesmo acontece nas matérias de bebidas, nas quais a revista condena as misturas veementemente, mas depois publica uma matéria sobre bebidas energéticas misturadas com álcool, sem dizer claramente se essa mistura faz mal ou não. Os textos da revista se afirmam e se negam simultaneamente. No exemplo das matérias sobre aborto, por exemplo, a reportagem diz: "cuide-se para não engravidar tão nova, mas veja como esse problema tem solução".

Poucas meninas questionam a ambigüidade com que é feita a *Capricho.* Para a maioria, "cada uma deve ir por si", de acordo com aquilo que acha certo fazer, como podemos observar na narrativa de algumas meninas. Marcela, 16 anos, acha que,

> (...) nem tudo tu podes utilizar da revista. Tu tem que viver a tua vida. Não é a revista que vai te influenciar. Ela pode te mostrar a realidade, mas tu tem que escolher. Ou tu vai pela revista, ou tu vai por ti. Eu tiro dali o que é melhor para a minha vida, o que não é eu descarto.

## Função da revista

Para as meninas, esse é o papel que a *Capricho* desempenha na vida de cada uma. É na revista que elas buscam a informação milagrosa sobre como conquistar um menino, como mudar o visual, como ficar mais bonita para aparecer para o sexo oposto, quais são as roupas da moda e como utilizá-las, o que fazer na primeira vez, enfim. É na revista que as meninas procuram aprender a conhecer seus corpos, descobrem o que é normal e o que não é, procuram respostas para suas dúvidas e ouvem "conselhos" e recomendações de alguém que parecer dizer "eu sei tudo, aqui você encontra o que procura", tal qual um verdadeiro oráculo.

Essa denominação é perfeita para caracterizar a *Capricho*. Como falamos no anteriormente, ela assume o papel de conselheira das meninas em muitas matérias e, principalmente, nas respostas às dúvidas das adolescentes que escrevem para a Redação em busca de auxílio. Isso acontece quando a revista deixa de colocar, no texto, os créditos dos especialistas em determinados assuntos – os quais foram consultados para que aquela informação saísse na revista – e passa a publicá-los em box no editorial. Da mesma forma, nas reportagens especiais, principalmente sobre assuntos polêmicos, ela assume o papel de conselheira porque raramente publica a fonte da matéria.

A jovem não precisa procurar um médico, a menina não precisa conversar com os pais, a revista está pronta para dar todas as informações e a responder todas as questões dos adolescentes; quando se reúnem para estudar, não esquecem de levar a revista junto, pois qualquer assunto que possa surgir na reunião do grupo adolescente deve ter um respaldo em suas páginas; a produção da festinha é baseada nos editoriais de moda das edições – se forem capazes de se vestir como a revista indica, estarão elegantes, na moda, certamente conquistarão o menino em quem estão interessadas e, "por tabela", ainda serão admiradas por muitos outros. Observando esse grupo de meninas em sua relação com revista, tem-se a impressão de que elas não saberiam tomar decisões, fazer escolhas ou, até mesmo, vestir-se para uma festa sem consultar seu oráculo.

Ao mesmo tempo, não reconhecem que delegam esse papel à revista e costumam responder "cada uma deve ir por si e não fazer o que a revista diz" quando colocadas em situação que exige uma análise, como nas duas questões apresentadas a elas durante as entrevistas:

> se a *Capricho* mostrasse, em uma edição, que é legal ficar com vários meninos em uma festa e, depois, na mesma edição ou em outra, mostrasse o contrário, que é legal ficar só com um garoto, se conhecer melhor, enfim, como você faria para seguir essas dicas contraditórias? E se a revista mostrasse, em uma edição, uma receita caseira para

> secar as espinhas do rosto e, depois, em outra edição ou na mesma, publicasse uma lista de produtos industrializados, indicados para o mesmo fim, como você faria para seguir essas dicas opostas?

A essas perguntas as meninas responderam que não seguem o que diz a revista, mas que decidem o que fazer de acordo com o que elas acham certo. No entanto, é na própria revista que elas procuram a informação que lhes diga qual é a maneira certa de decidir!

O papel de Oráculo desempenhado pela *Capricho* é visível na narrativa das meninas, que acreditam ter nas mãos um poderoso "guia de sobrevivência adolescente". Na fala de Bianca, 14 anos, percebemos essa visão da revista em dois momentos:

> É uma revista bem voltada para adolescentes e eu adoro! [...] Quando uma guria engravida, a primeira coisa que ela pensa é mandar uma carta para a *Capricho*.

A afirmação de que a menina pensa primeiro em mandar uma carta para a revista deixa claro esse papel delegado à revista pelas adolescentes – antes de decidir como agir, ela pergunta para a *Capricho* o que fazer. Carol, 14 anos, procura em seu Oráculo soluções milagrosas para atender a seus desejos:

> Eu utilizo algumas dicas. Tem uns negócios de simpatia, aí eu faço. Tipo assim, para arranjar namorado, coloca não sei o quê embaixo do travesseiro. Várias desse tipo.

Isa, 12 anos, diz que *"ela <u>fala</u> coisas para a gente agir em certas situações"* e, ao afirmar isso, destaca outra função da revista.

## CATEGORIA: suposto caráter pedagógico

Temas polêmicos são tratados à exaustão pela revista, como aborto, drogas, bebidas, sexo, etc. Nas reportagens que tratam desses assuntos, é possível observar uma tentativa da publicação em "ensinar" as meninas a agirem em determinadas situações, como Isa afirmou em sua narrativa. Como foi observado anteriormente, a revista procura ensinar a menina a se vestir corretamente, combinando peças e cores e adequando a produção ao formato do seu corpo; ensinar a adolescente a cuidar da pele, dos cabelos e da "alma" – através de suas atitudes; ensinar a menina a "esperar a hora certa" de iniciar um relacionamento amoroso ou sexual; ensinar a menina a conquistar rapazes na praia, nas festinhas da noite ou atores do momento e também procura ensinar a menina a se relacionar com os pais, com os amigos e com os namorados. Fischer (1996) constatou que as meninas leitoras da *Capricho* acreditam que "*a revista serve para ensinar 'como são' ou 'como vão acontecer' as coisas da vida – amor, sexo, namoro*" (p. 217).

Essa "pedagogia" da revista passa por cima dos pais, na medida em que "ensina" a adolescente a marcar uma consulta no ginecologista sem levar a mãe junto, por exemplo, e incentiva um distanciamento maior entre os filhos. Os pais, no entanto, utilizam a revista para conversar com as filhas, principalmente, sobre sexo, conforme constatou Fischer (1996).

## CATEGORIA: (des)-comprometimento OU (des)-responsabilização

Pode-se dizer que a revista apenas pretende ter uma caráter pedagógico devido a essa característica de seus textos – o descomprometimento. Diversas informações, dicas ou comentários veiculados na revista são feitos de forma descomprometida, sem muitos cuidados ou verificação. Seu descomprometimento da indica uma desresponsabilização da mesma em relação às matérias que escreve e publica.

O descomprometimento da revista vai de encontro ao caráter pedagógico que pretende assumir e também opõe-se à função de Oráculo que lhe é delegada. A menina procura a revista movida pela idéia dela dominar todos os campos do saber, mas esse Oráculo não se responsabiliza pelo que está sendo dito ao falar certas coisas de forma descomprometida. A revista, em seu descomprometimento, compromete-se indicando parâmetros, modelos a serem seguidos. Cria estereótipos nos quais as meninas querem enquadrar-se de todas as maneiras, seja pela aparência física, pelos objetos que possui ou por pertencer ou não a um grupo. Quando percebem-se fora desses parâmetros, as meninas passam a questionar sua "normalidade" e encontra-se aí outra categoria que define a revista.

## CATEGORIA: a (confissão da) anormalidade

De maneira implícita, através do conteúdo de seus textos, a revista convoca as adolescentes a confessarem seus defeitos para que a revista possa indicar a solução que fará a menina considerar-se "normal". O que a revista considera normal não é bem definido pela publicação. Ser normal pode significar vestir-se de acordo com a moda, utilizar produtos de beleza para ficar bela, cuidar do corpo para que ele esteja sempre em forma. A menina "anormal" pode ser aquela que usa aparelho nos dentes, que tem cheiro ruim nos pés, que tem pintinhas nas costas, coxas grossas ou umbigo grande demais. Não existe um ser singular, a revista indica um padrão que, descomprometidamente, considera "normal"; padrão esse que beira à perfeição.

A singularidade da menina é julgada, na revista, através de atributos estéticos. São julgados os modos de se vestir de cada uma, em relação basicamente às proporções do corpo, que incita o "exame de si", no qual a menina deve identificar seus "desvios" e confessá-los à "amiga" *Capricho,* para que esta ofereça as opções de correção do "problema". A confissão da anormalidade remete ao desprezo e à vergonha de si mesma, concordando com Fischer (1996). Para essa confissão, a revista trará a palavra de tranqüilização e a indicação do tratamento.

A seção "Teste" serve de auxílio para que a menina identifique seus desvios, marcando respostas que valem pontos. Conforme a pontuação da garota, há a identificação de determinados traços da personalidade ou de seu corpo e, no próprio resultado, está a dica do que a menina pode fazer para melhorar ou corrigir o problema.

O conflito na relação normalidade x anormalidade está constantemente presente em seus textos e é pauta de diferentes matérias, acompanhado do testemunho das adolescentes. Em geral, as dúvidas das meninas em relação à sua normalidade estão relacionadas ao próprio corpo e ao seu funcionamento, à relação sexual e a sentimentos novos que surgem durante a adolescência que não são facilmente compreendidos pelas meninas. Uma matéria intitulada "Será que eu sou?" traz depoimentos de meninas que dizem gostar muito da melhor amiga e que não trocam a companhia dela pela de nenhum garoto. A todos esses questionamentos, a revista garante que são sentimentos e dúvidas normais na adolescência e que a menina não é diferente por isso, mas avisa que a melhor maneira de ter certeza se a pessoa é ou não homossexual é esperar o tempo passar e ver o que acontece. A revista faz a menina confessar sua "anormalidade", diz a ela para não se preocupar porque é normal e, ao mesmo tempo, avisa que só depois de algum tempo a própria menina poderá ter certeza de sua "anormalidade". É quase como dizer que "é normal ser anormal".

## CATEGORIA: o mundo da fantasia: a conquista do inviável

Sanados os "desvios" da adolescente, a revista a convida a entrar em um mundo de fantasia, no qual todos os desejos são possíveis e podem se tornar realidade. Conquistar o menino dos sonhos, aquele que aparece na televisão, na novela ou no seriado jovem, apresentando um programa ou cantando, é algo perfeitamente viável de acordo com a revista. Nos exemplos citados anteriormente, observou-se como a revista cria esse mundo de fantasia para a menina, ensinando-a a conquistar um ator do momento através do auxílio de uma "fada madrinha" – a própria *Capricho*.

A existência dessa fada remete ao mito de Cinderela, que é invocado em suas páginas. Com o auxílio da revista, a menina (que antes de ler a matéria era apenas a "Gata Borralheira") transforma-se numa bela moça que sai em busca de seu príncipe encantado (o ator).

## CATEGORIA: cumplicidade

Mesmo que a vida seja diferente de muitas coisas que são publicadas nas páginas da revista, esta não deixa de ser uma amiga mais velha com quem as meninas podem contar. Mais velha, porque sabe de coisas que as adolescentes não sabem e, portanto, podem responder às dúvidas das meninas; ao mesmo tempo, para essa amiga, as meninas pode falar sem medo de assuntos do seu universo que, por diversas razões, não falam com os pais, como "passar a mão", "primeira vez" ou "medo de estar grávida.

Assim como as meninas preferem conversar com as amigas sobre determinados assuntos, precisam também de autoridades (referências adultas) que saiba as respostas que as adolescentes não têm no momento de ajudar umas às outras. Assim, a revista desempenha esse papel de "amiga mais velha" em quem as adolescentes podem confiar sem medo de serem "delatadas" aos pais. A idéia de publicar, em cada edição, o máximo de aspectos possíveis do universo adolescente é uma forma de incentivar esse vínculo estabelecido pela cumplicidade. As adolescentes transferem para o veículo a cumplicidade que não têm com os pais e que precisam encontrar para enfrentar o período delicado do desenvolvimento que estão vivendo.

## Conclusão

A mídia desempenha um papel muito importante – fundamental, pode-se dizer – na formação da personalidade adolescente. A *Capricho* desempenha uma função ainda mais importante – a função Oráculo – porque assume o papel de conselheira das meninas em muitas situações. Como outros autores apontam em relação a esse tipo de revista, ocorre uma apropriação de técnicas, estratégias de ser em relação à sexualidade, amizades e identidade profissional ou ideológica.

Como aponta Fisher(1998; p.217), os sujeitos enunciadores são submetidos à personalização de autoridade e "*a revista fala por si, diferente do que ocorre em jornais e na televisão, onde essa adaptação dos especialistas não os tira de cena*".

Assim, a revista assume de forma definitiva o papel de educadora, como se ela própria DETIVESSE a informação que a televisão veicula por meio de especialistas. A *Capricho* tem consciência de seu papel junto às adolescentes, mas está sendo a "amiga mais velha que age como a colega da escola" e não como a "pessoa mais velha em quem a menina pode confiar, mesmo sabendo que nem sempre vai ouvir o que quer". Adolescentes não precisam de sermão nem de cumplicidade irrestrita; precisam de firmeza e de opiniões claras e não dúbias; não precisam de alguém que concorde com elas, mas de alguém que fale para (e como) elas a verdade e o auxílio que não encontram nos pais.

## Referências bibliográficas

Blos, P. *Adolescência: Uma Interpretação Psicanalítica.* São Paulo: Ed. Martins Fontes, 1994.

Dolto, F. & Dolto-Tolitch, C. *Palabras Para Adolescentes: o el complexo de la langostra.* Buenos Aires: Ed. Atlântida, 1993.

Erikson, E. *Identidade: juventude e crise.* Rio de Janeiro, Ed. Zahar, 1976.

Fischer, R.M.B. "*Adolescência em Discurso: mídia e produção de subjetividade*". Porto Alegre, 1998. Tese de Doutorado. Programa de Pós-Graduação em Educação, UFRGS.

Foucault, M. *Vigiar e punir.* Rio de Janeiro: Vozes, 1987.

_______. *História da Sexualidade.* v. 1. *A vontade de saber.* Rio de Janeiro: Graal, 1988. 152 p.

_______. *História da Sexualidade.* v. 2. *O uso dos prazeres.* Rio de Janeiro: Graal, 1984. 230 p.

_______. *História da Sexualidade.* v. 3. *O cuidado de si.* Rio de Janeiro: Graal, 1985, 246 p.

Freud, A. Adolescência. *In: Revista da Associação Psicanalítica de Porto Alegre*, ano 5, n. 11, pp. 63-85, 1995. (Originalmente publicado em 1958.)

_______. A. Adolescência. *In: Adolescência: Revista da Associação Psicanalítica de Porto Alegre*: ano 05, nº 11, Ed. Artes e Ofícios, 1995. (Originalmente publicado em 1958.)

Freud, S. *Psicopatologia da Vida Cotidiana. In: Edição Standard Brasileira das Obras Completas de Sigmund Freud*, vol. 6, Rio de Janeiro: Imago.

Giongo, A . L. "O Ficar e sua Função na Adolescência: Um Estudo em uma Escola de Classe Média Alta de Porto Alegre." Porto Alegre, 1998. Dissertação de Mestrado. Curso de Pós-Graduação em Psicologia do Desenvolvimento, UFRGS.

Moscovici, S. The phenomenon of Social Representations. *In: Social Representation* (Edited by Farr, R. M. and Moscovici, S.) Cambridge: Cambridge University Press, 1984.

_______.Social Psychology and Developmental Psychology: extending the conversation. *In*: *Social Representations and the Development of Knowledge* (Edited by Gerard Duveen and Barbara Lloyd). Cambrige, Cambridge University Press, 1990.

Milnitsky-Sapiro, C. Desenvolvimento Sócio-Moral na Escola: O Papel da Afetividade no Desenvolvimento de Estratégias Cognitivas. *In: Cognição Social e Juízo Moral* – Coletâneas da ANPEPP, vol. 1, nº 6, 1996.

Rassial, J-J. Entrevista com Jean-Jacques Rassial. *In: Adolescência: Revista da Associação Psicanalítica de Porto Alegre,* ano 5, nº 11, Ed. Artes e Ofícios, 1995.

Ruffino, R. Adolescência: Notas em Torno de um Impasse. *In: Adolescência: Revista da Associação Psicanalítica de Porto Alegre,* ano 5, nº 11, Ed. Artes e Ofícios, 1995.

Somemer, B. e Somemer, R. A Practical Guide to Behavoral Research. Nova York: Oxford, 1991.

Stein, M.L.M. "A Função das Entrevistas Iniciais para a Formação Profissional dos Terapeutas: Marcas de uma Processualidade". Porto Alegre, 2000. Dissertação de Mestrado. Curso de Pós-Graduação em Psicologia Social e Institucional, UFRGS.

Capítulo 8

# Os limites da idade penal

*Carlos Alberto Menezes**

## Introdução

Do ponto de vista da legalidade, o Estado brasileiro nunca teve uma orientação clara acerca da relação entre o crime e a idade da punição. A marca da Legislação a esse respeito é a da ambigüidade.

Esse artigo tem por objeto, mediante uma pesquisa histórica, esclarecer o leitor como os diversos Códigos Penais e Projetos de Lei oscilam quanto ao tratamento dessa matéria.

Os números da idade penal fixados pelo legislador ao longo da história do Direito Penal brasileiro, variando dos 9 aos 18 anos, correspondem não apenas a um mal-entendido nas leituras que o Estado tem feito do menor infrator, mas também a uma concepção segundo a qual a penalização, e não políticas específicas orientadas para a conquista da autonomia, identidade e socialização dos jovens, é o caminho que resta para enfrentar um problema que antes de tudo está ligado às crises relativas ao processo de amadurecimento.

## O problema

O assombro, a consciência e o inconsciente constituem descobertas suficientes para instruir qualquer reflexão acerca de uma his-

* Docente de Direito Penal da Universidade Federal de Sergipe e Doutorando em Direito pela PUC-SP.

tória da subjetividade. O assombro pertence à ordem do conhecimento. É a descoberta da curiosidade como método para superar a ignorância, feita por Aristóteles na *Metafísica.* A consciência pertence à ordem da conduta humana na sua relação com o mundo. É a descoberta que o indivíduo faz de si mesmo, feita por Descartes no *Discurso sobre o Método.* O inconsciente pertence à ordem das pulsões encobertas, inacessíveis à consciência, que mobilizam a conduta humana. É a descoberta do outro de si mesmo, feita por Freud ao longo de suas *Obras Completas.*

A conexão dessas descobertas com o fenômeno da punição e, portanto, com o Direito e a Dogmática Penal, é direta. Com efeito, os fundamentos do direito de punir antes e depois do assombro são diferentes e correspondem a deslocamentos na interpretação que o homem faz do mundo. Assim, num período bem remoto e não datável da aventura humana, a pena é associada à vontade divina. Perplexo diante de alguns fenômenos naturais, por exemplo, o raio, o trovão, as enchentes, o homem primitivo transformou-os nos signos do primeiro código de conduta, em um edito impresso e publicado na tela da natureza, onde os deuses anunciavam sua ira e cobravam punição contra quem violasse a paz do grupo. Mais adiante, contudo, em período que pode ser reconhecido como o início das civilizações, a pena passa a ter sua origem ligada à pessoa do soberano. Entre essas etapas, o assombro de Aristóteles mobilizou o homem na passagem do mundo encantado das representações míticas (vontade dos deuses) para o mundo desencantado das representações referidas às relações humanas (vontade do soberano).

Por outro lado, o conhecimento dos antigos ignorava a consciência e mais ainda o inconsciente. Para designar aquilo que ocupava o interior das pessoas, fazia-se uso da palavra alma. Platão e os teólogos mais adiante até estavam interessados nisso. Mas na área do Direito Penal, por exemplo, a posição da alma não era levada em conta, nem como causa, nem como medida da punição. Somente o resultado objetivo da ação criminosa constituía o alvo de toda atenção num julgamento. Nenhum juízo sobre motivações, disposições anímicas, impulsos internos etc., tinha relevância na solução do caso concreto.

Os modernos tornaram possível a alteração desse quadro. O lugar da alma foi ocupado em momentos distintos e separados por três séculos, pela consciência e pelo inconsciente. As implicações disto no discurso da razão penal foram automáticas. A consciência e mesmo o inconsciente, embora este num grau menor, passaram a ser referências que iluminam a culpabilidade enquanto categoria central da teoria do delito. Isto tornou possível que qualquer juízo sobre a conduta criminal do indivíduo só tivesse sentido se desse atenção não apenas ao resultado objetivo da ação, mas sobretudo às especificidades subjetivas do agente. A culpa, sem cujo reconhecimento a punição tornava-se inviável, ficava ligada então à questão de saber se o agente no momento do fato era ou não capaz de se motivar conforme a norma, pela consciência da ilicitude típica de sua atuação. Nesse sentido, quem se motivasse com defeitos invencíveis na direção do crime ficava impune. Alguns agentes seriam suscetíveis de portar tais defeitos. Em primeiro lugar, os loucos (sua doença pode torná-los incapazes de compreender a ilicitude do fato ou mesmo contaminar-lhes a vontade a tal ponto que, embora saibam que o fato é ilícito, não se orientam de acordo com essa compreensão); em segundo lugar, os menores (por conta do desenvolvimento psíquico incompleto são carentes de maturidade e ainda não aprenderam as regras da socialização, pelo que agem sem consciência). Deixando de lado a relação entre culpa e loucura, o ponto em questão é saber quando o jovem completa seu aprendizado pela internalização das regras ou expectativas que em torno dele se formam e, assim, adquire a consciência capaz de constituí-lo destinatário da lei penal?

Com efeito, a posição do Direito Penal brasileiro perante a idade da punição tem a marca da ambivalência. Ela oscila com freqüência na direção de valores e exigências que a conjuntura social aponta. A linha sobre a qual se projeta esse movimento pode ser imaginada como uma espécie de escala penal. Na sua superfície ainda não foi fixado o ponto ou definida a medida (grandeza) capaz de paralisá-lo definitivamente. O fenômeno é histórico e universal. Em torno dele não só é muito pouco o que distingue os antigos dos modernos, mas as práticas dos povos em geral. É como se a idade penal constituísse um aspecto das relações humanas destinado ao eterno fracasso do legislador. No entanto, ele não renuncia à sua vontade de controle, domínio e regulação da matéria. A causa de tanta insistência é desconhecida. Num esforço por desvelá-la, contudo, pelo menos três pistas podem ser levantadas.

Com efeito, a primeira pista é deduzida da psicologia. O homem odeia ser rejeitado pelos fatos, excluído de suas articulações, e quanto mais lhe escapa o objeto de seu interesse, persegue-o, como se fosse possível deter o deslocamento da sombra que se desprende do próprio corpo em marcha. A segunda é retirada da sociologia criminal. Os números da estatística do crime não mentem. Eles mostram que é sobretudo no meio dos jovens que a violência explode. A lei não teria como passar ao largo desse fenômeno, a um só tempo indiferente e compreensiva. A terceira está ligada à tradição. As práticas jurídicas dos povos, costumeiras ou escritas, sempre deram atenção especial à criminalidade juvenil. Não há ruptura previsível com essa orientação. Afinal, tradições somente se quebram quando é possível o começo de outras (o legislador, por exemplo, poderia conceber um sistema jurídico onde a idade penal fosse definida a partir do concreto. A justiça seria alcançada não mais segundo deduções extraídas do sistema penal, mas de acordo com as convicções firmadas a partir do próprio caso). Mas não é disto que se trata neste trabalho.

O que se pretende aqui é um exame acerca da conveniência das propostas que têm sido lançadas no país, no sentido de nova alteração na regra da idade penal. Todas têm sua origem naquilo que parece constituir duas evidências: uma geral, outra específica. A primeira revela um aumento inquietante no exercício da violência entre os jovens; a segunda indica que tal evidência tem sido muito bem instrumentalizada pelo crime organizado, sobretudo no setor que explora o tráfico de drogas. Diante desse quadro, caberia ao Estado mobilizar seu arsenal punitivo, a fim de garantir a paz. Acontece que algumas limitações paralisam suas ações. Uma delas corresponde à norma que garante a impunidade penal para os menores de 18 anos. Trata-se então de removê-la. O investimento na lei penal, nesse caso, teria retorno assegurado. No mínimo, o Estado ganharia em mobilidade para o uso legítimo da força.

Acontece que essa leitura da questão – somente pelo incremento da violência do Estado, ainda que legítima, torna-se possível enfrentar a crescente violência juvenil –, partilhada por amplos setores da sociedade, exibe um caráter provocador. É que estimula um debate cuja lógica torna inevitáveis algumas indagações, por exemplo, qual a tradição do Direito Penal brasileiro em relação à criminalidade juvenil? E a do Direito Comparado? Existe uma medida (grandeza) capaz de definir adequadamente o tempo em que a pessoa está madura para a responsabilidade penal? O Estado brasileiro está aparelhado por formas legais, excluído o Direito Penal, capazes de oferecer uma resposta apropriada para as infrações praticadas pelos menores? As propostas de mudança da idade penal têm ou não o sentido de uma penalização da crise social?

## A idade penal nos códigos

### Ordenações Filipinas

A genuína e original lei penal brasileira é relativamente recente. Ainda não alcançou a idade dos séculos. Data apenas de 174 anos. Antes, aplicava-se aqui as regras ditadas pela Coroa Portuguesa. Elas eram alojadas nas ordenações Afonsinas (1446), Manuelinas (1521) e Filipinas (1603). Mas os registros conhecidos de plena efetividade ligam-se somente às Ordenações Filipinas. A matéria que envolvia crime e punição era regulada no livro V, e tinha por objeto a particular situação dos menores.

Com efeito, a Coroa mostrou alguma sensibilidade em relação a eles. Nada que lembrasse o zelo, o cuidado, o refinamento no trato conferido aos fidalgos. Mas, pelo menos, um sentimento de tolerância (suficiente à percepção de um humanismo qualquer) capaz de fixar gradações e distinções na punição para maiores ou menores de 20 anos. Assim, para além dessa idade, a pena aplicada ao delinqüente era "total", ou seja, executava-se nos termos de sua previsão. As concessões, embora superlativamente reduzidas, foram definidas abaixo desse limite. Sua distribuição ocupava dois cenários bem distintos.

O primeiro cenário compreendia os menores de 20 anos com limite nos 17. Nesse âmbito, duas alternativas tinham de ser consideradas: ou o julgador aplica pena total, ou a diminui. Para aplicar pena total, leva-se em conta três fatores objetivos (a. o modo como o delito foi cometido; b. suas circunstâncias; c. a pessoa do menor), e um subjetivo (a malícia da ação). Enquanto isso, para diminuir o castigo, basta que pareça ao juiz não ser o menor merecedor daquela punição. É o que ocorre quando o menor age com "simpleza", ou, dito de outro modo, sem malícia, sob o impulso da inocência que ainda não perdeu.

O segundo cenário é constituído por aqueles cuja idade se situa abaixo dos 17. Para essa faixa, o soberano brindou seus súditos com uma espécie de "privilégio". Proibiu a pena de morte. Não será aplicada contra nenhum infante, mesmo que mereça. Nessa hipótese, porém, o arbítrio do julgador é chamado para intervir. Sua tarefa será a de definir a pena mais adequada para o caso. Como se vê, na época do Brasil-Colônia, o soberano, de um lado, recusa sujar as mãos com o sangue ainda fresco dos jovens infratores, mas, de outro, recusa também conceder-lhes a imunidade penal. Esse panorama, contudo, será alterado com a nova lei penal que aparece.

## Código Criminal de 1830

O Brasil do início do século XIX mudou de rumo. Rompeu seu vínculo de Colônia e assumiu o lugar de Estado autônomo (1822). As conseqüências disso no setor do Direito foram imediatas. O país ganhou seus documentos legais mais importantes, a Constituição (1824) e o Código Criminal (1830). Ambos continham as premissas da nova razão jurídica, criadas no século anterior pelas luzes. Uma delas é a que reconhece o indivíduo na sua autonomia. Ele é portador de uma identidade gerada na consciência que possui e que o torna único, passando a ser senhor e titular de direitos. A projeção disso na política jurídica aplicada aos menores infratores implica uma quebra radical do sistema precedente. Não mais as concessões sem muita grandeza do soberano. Tratava-se agora de uma abrangente diretriz, capaz de demarcar respostas diferentes para crimes conforme praticados por adultos ou menores.

Pois bem, na lógica das Ordenações, a inimputabilidade, vale dizer, a exclusão da responsabilidade penal referida ao jovem infrator, era desconhecida. Passa a ser conhecida, no entanto, com o primeiro Código Criminal do Império. Nesse texto, o Estado estabelece que não são considerados criminosos "os menores de 14 anos". Mas os efeitos dessa regra não são absolutos. Dito de outra maneira, eles dependem da posição *subjetiva* do autor por ocasião do fato. Assim, se houver prova de que o menor de 14 anos agiu com discernimento, será recolhido à casa de correção (a limitação é fixada no art. 13). A inimputabilidade em si, imprópria para a produção de qualquer conseqüência, somente era reconhecida para quem, sendo menor de 14, agisse sem aptidão para distinguir o bem do mal na base de sua conduta. Como se vê, o legislador de 1830 era iluminado até certo ponto. Para ele, o jovem, não importa a idade, a qualquer tempo pode e é capaz de praticar o crime com clareza e compreensão do que faz.

No ensaio "Menores e Loucos", Tobias Barreto tratou criticamente da matéria. Questionou a palavra "discernimento" e seu uso como critério capaz de separar os menores impuníveis dos puníveis. Na sua avaliação, isto poderia "abrir caminho a muito abuso e dar lugar a mais de um espetáculo doloroso"[1], afinal, o conceito de "discernimento, de dificílima apreciação"[2], tornaria "possível, na falta de qualquer restrição legal, ser descoberto pelo juiz até em uma criança

1. Barreto, T. "Menores e Loucos". *In:* Barreto, T. *Estudos de Direito II*. Rio de Janeiro: Record, 1991, p. 47.

2. *Ibid.*, p. 49.

de 5 anos..."[3]. As observações de Tobias Barreto, contudo, não repercutiram no espírito do legislador de 1890.

## Código Penal de 1890

A conjuntura do final do século XIX é muito diferente daquela que marcou seu início. Na passagem de uma para outra ocorreram mudanças estruturais, por exemplo, nos domínios político, social e jurídico. No domínio político a República substituiu o Império (isso tornou inevitável a troca dos fundamentos jurídicos que sustentavam o antigo sistema, por outros); no social, a escravidão foi abolida (isso liberou para o mercado de trabalho livre, sem espaço para acomodá-la, toda a mão-de-obra escrava, gerando uma crise social cujos efeitos parecem se projetar até hoje); no jurídico, o realismo, ligado à escola positiva, rasgou as fantasias da escola clássica do Direito Penal (isso criou o ambiente intelectual que permitiu, por exemplo, a Lombroso desenvolver a teoria segundo a qual toda criança já trazia embutido o germe da loucura moral e da delinqüência)[4]. A conjunção desses fatores repercutiu na nova legalidade referida aos menores infratores.

Com efeito, o Código Penal de 1890 criou um sistema mais complexo para a idade penal, agora fundado em três orientações. A primeira, reduzia para nove anos completos o limite da inimputabilidade penal; a segunda, tornava também inimputáveis os maiores de nove e menores de 14 anos, desde que agissem **sem** discernimento; e a terceira, mandava recolher nos estabelecimentos disciplinares, os maiores de 9 anos e menores de 14 que se tivessem conduzido **com** discernimento.

A complexidade do novo sistema, contudo, só alterou em parte o sistema precedente. É que, de um lado, baixou o limite da inimputabilidade para 9 anos, mas, de outro, recepcionou do Código

3. *Ibid.*, p. 59.
4. Lombroso, C. *O homem criminoso.* Rio de Janeiro: Ed. Rio, [S.D.], p. 75.

de 30, a idéia de discernimento. Com isso, o menor infrator passou a exibir dupla face. Sua inimputablidade podia ser ***absoluta*** ou ***relativa***. A absoluta não dependia de nada, salvo a idade inferior a 9 anos. Já a relativa, aplicável aos maiores de 9 e menores de 14, dependia do discernimento, apurável em processo regular.

Sob esse aspecto, a palavra discernimento migrou de um código para outro, carregando o mesmo uso. O de critério capaz de agravar ou não o castigo do menor. Por conta disso, carregou também o risco de se colocar como alvo de críticas. No mesmo padrão daquelas desferidas por Tobias Barreto. Costa e Silva, por exemplo, considerou-a "vaga e obscura"[5]. Diante da resistência que inspirou, até quando se manteve vigente a disciplina da idade penal adotada pelo legislador de 90?

## Consolidação das Leis Penais (1932)

Desde que surgiu, o primeiro Código Penal da república tornou-se aquilo que o senso comum chama de saco de pancadas. A *intelligentsia* jurídica ligada ao penalismo concentrou nele sua atenção, mas para demoli-lo. A disciplina da idade penal não escapou das investidas. As objeções eram dirigidas ao limite para a inimputabilidade (9 anos), considerado muito baixo, e, como já foi visto, ao uso da palavra discernimento, considerada imprópria (já que referida apenas à inteligência, e não "à maior ou menor fraqueza da vontade (...), do caráter, ainda em formação")[6] para traduzir o critério capaz de filtrar quem entrava ou não no circuito da punição.

A conseqüência disso foi a adoção de outra disciplina. Ela foi estruturada pela contribuição da Lei nº 4.242, de 1921, e do decreto nº 17.943, de 1927 (Código de Menores). Na seqüência, as disposições aí contidas, naquilo que era fundamental, foram incorporadas na Consolidação das Leis Penais. Nesse documento, a idade penal é

5. Costa e Silva, A.J. da. *Código Penal dos Estados Unidos do Brasil*. São Paulo: Companhia Ed. Nacional, 1930, p. 176.

6. Costa e Silva, op. cit.,p.177.

redefinida. Assim, o limite da inimputabilidade absoluta sobe de 9 para 14 anos. Nenhum processo então para os que cometerem infrações nessa etapa da vida. Mas ele será instaurado diante daqueles que estiverem entre os 14 e os 18 anos, a fim de serem submetidos a regime especial (art. 30). Como se vê, quase um século depois, o pêndulo do legislador parou no mesmo número do Código do Império, o 14, sem desconhecer aqui, naturalmente, as diferenças referidas ao caráter relativo e absoluto da inimputabilidade, numa e noutra lei. Mas não demora e o inquieto pêndulo retoma seu movimento. Quando e como isto se deu?

## Código Penal de 1940

Qualquer tentativa no sentido de associar aumento ou redução da idade penal com regimes políticos ora mais, ora menos autoritários, não se sustenta (pelo menos no Brasil). Ela seria fulminada pelas representações que se projetam do Código Penal de 1940. Trata-se de um texto de lei gerado num ambiente político duro. Ficou conhecido como o Estado Novo e sua característica central foi a supressão das regras do jogo democrático. O paradoxo está em que, a despeito do corte autoritário, o regime não selou com essa marca o sistema penal que criou. Nesse sentido, um dos aspectos que melhor exprime seu sentimento geral de tolerância é a disciplina da idade penal. O pêndulo do legislador oscilou de novo aí, mas numa curva ascendente, 18 anos agora é o limite da inimputabilidade.

Na base da nova medida da idade penal impôs-se uma visão mais generosa, humana e social. A doutrina da delinqüência juvenil muda de fundamentos. É o que deixa claro Nelson Hungria (principal autor do projeto de que resultou o Código de 40) nos comentários que faz acerca do tema. Para ele, em torno da menoridade, nada mais deve subsistir que lembre Lombroso e sua teoria de que "todas as tendências para o crime têm o seu começo na primeira infância"[7]; nada mais ainda com

7. Hungria, N. *Comentários ao Código Penal*. Rio de Janeiro: Forense, 1978, vol. I, p. 360.

a idéia de "condenação penal"[8] que pode arruinar uma "existência inteira"[9]. É preciso renunciar à crença "no fatalismo da delinqüência"[10] e assumir o ponto de vista de que a criança "é corrigível por métodos pedagógicos"[11]. Afinal, "a delinqüência juvenil é, principalmente, um problema de educação"[12]. Acredita que muitos jovens não seriam clientes das penitenciárias se tivessem recebido uma "orientação protetora"[13], e só conheceram da vida "o que ela tem de sofrimento, de privação, de crueldade, de injustiça"[14]. Por conta disso, "torna-se-lhes odiosos o lar, a família, a sociedade"[15]. Assim, que esperar deles "senão que se deixem resvalar pelo declive de todos os vícios, de todas as perversões, de todos os malefícios?[16]. Nesse sentido então "é preciso socorrê-los, salvá-los de si próprios e do meio em que vegetam, ensejando-lhes aquisições éticas, reavivando neles o sentimento de vergonha e autocensura"[17]. Essa tarefa cabe ao "Estado"[18], mediante a aplicação do Código de Menores, sob cujas sanções "de caráter meramente reeducativo, devem ficar ainda nos casos de extrema gravidade, o menor de 18 anos, que comete ações definidas como crimes"[19]. Alguns anos depois, mais dois códigos sucederam ao de 40. Os novos textos alteraram o limite da idade penal?

## Os Códigos Penais de 1969 e 1984

Desde a tradição inaugurada pelo Código de 1940, o pêndulo do legislador não se move. É como se a recorrente busca da medida

8. *Ibid.*, p.359.
9. *Ibid.*, p. 359.
10. *Ibid.*, p. 363.
11. *Ibid.*, p. 359.
12. *Ibid.*, p. 363.
13. *Ibid.*, p. 361.
14. *Ibid.*, p. 361.
15. *Ibid.*, p. 362.
16. *Ibid.*, p. 362.
17. *Ibid.*, p. 365.
18. *Ibid.*, p. 366.
19. *Ibid.*, p. 366.

adequada da idade penal tivesse encontrado seu desfecho. A história recente das codificações, aliás, já incorpora dois episódios capazes de assimilar um novo movimento, e nada. O primeiro concerne ao Código Penal de 1969; o segundo, ao Código de 1984. Aquele não entrou em vigência; o outro, sim. Ambos, curiosamente, foram obras de governos autoritários. O ambiente era de supressão das liberdades democráticas, e tudo podia ser feito. Mas ninguém ousou mexer com a idade penal. Os 18 anos como limite etário da responsabilidade foram mantidos. No código penal de 69, a matéria foi regulada no art. 33 ("o menor de dezoito anos é inimputável"); já no de 84 está regulado no art. 27.

Com efeito, o legislador de 69 e o de 84 tinham uma compreensão semelhante à do legislador de 40. Consideravam que o lugar da lei próprio para alojar a disciplina da criminalidade juvenil não era o Código Penal. A elaboração da matéria, por conta de suas especificidades, exigia um espaço exclusivo. Este seria o da lei especial (como recomenda o art. 34 do Código de 69), ou dito de outro modo, o ECA (como recomenda o de 84). A idéia que presidiu esta orientação é que o menor de 18 anos não deve ser sujeito de punição, mas de "medidas educativas, curativas ou disciplinares" (Código de 69) ou de medidas sócio-educativas (Código de 84, ECA, etc.).

## A idade penal nos projetos

### Introdução

A história do Direito Penal brasileiro vai muito além do exame de códigos que se sucedem no tempo. Eles apenas constituem o estágio mais visível de um longo processo de reflexão, discussão e elaboração que habitualmente mobiliza a mão-de-obra intelectual ligada à área. Nesse processo, os projetos de Código Penal ocupam lugar de destaque. A maioria resulta das iniciativas do governo. Nesse caso são convidados um ou alguns dos melhores quadros da *intelligentsia* penal do momento para a tarefa. Mas são conhecidos casos onde os projetos parecem ter nascido da iniciativa pessoal. É a situação dos projetos João Vieira de Araújo e Galdino Siqueira. Nem sempre eles são aproveitados e são múltiplas as razões para isso. Em todo caso, quase sempre suas luzes deram uma contribuição especial para o pensamento no Brasil. Em todos eles a matéria da idade penal foi alvo de regulação. Mas não escaparam das oscilações já referidas aos códigos. Não é o caso de examiná-los um por um. Os limites desse trabalho não permitem. O foco então será seletivo, pela escolha dos três que parecem ter sido os mais importantes.

## Projeto Sá Pereira

O Desembargador Sá Pereira partilhava da compreensão de que o limite de 9 anos fixado no código de 1890 para a inimputabilidade penal era muito baixo. Convinha elevá-lo. Nesse sentido, o art. 33 do seu projeto estabeleceu que a menoridade penal absoluta termina aos 14 anos. Nessa faixa então, a imputabilidade fica totalmente excluída. A faixa que se estende dos 14 até os 18 anos é a menoridade relativa. Nesse caso, a imputabilidade fica apenas diminuída.

Com efeito, a solução do seu projeto para a idade penal é simples (sobretudo se comparada à complexa fórmula do Código 90): de um lado, nenhuma repressão penal para a menoridade absoluta; de outro, a repressão penal pode alcançar, sim, a menoridade relativa. É o que ocorre "quando, da gravidade do crime e da perversão moral do menor, evidente resulta a sua temibilidade" (art. 180). Para esse cenário, aplica-se a pena de prisão. Fora dele, o relativamente menor será internado em estabelecimentos como a casa de reforma, navio-escola, colônia agrícola, casa de vigilância (art. 179). Nada disso, todavia, virou lei. Passaram-se dez anos e outro projeto foi encomendado, desta vez a Alcântara Machado. O que seu projeto muda acerca da idade penal em relação ao de Sá Pereira?

## O Projeto Alcântara Machado

Alcântara Machado foi um intelectual e político com papel destacado em São Paulo na década de 30 (século passado). Além disso, era professor de Medicina Legal na Faculdade de Direito do Largo São Francisco. Com esse currículo recebeu uma encomenda do Estado Novo. Cabia-lhe redigir um projeto para o novo Código Penal. Não se fez de rogado e executou a tarefa. À obra que concebeu e montou deu o nome de "Projeto do Código Criminal Brasileiro".

Sob o aspecto particular da idade penal três observações podem ser feitas. A primeira é que seu limite muda de 14 para 18 anos, mas se comparado àquele fixado no projeto Sá Pereira; a segunda é que seu limite não muda, se comparado à legislação então vigente (Consolidação das leis penais Vicente Piragibe); a terceira refere-se ao que fazer com os menores infratores. Seu projeto basicamente propõe contra eles medidas de segurança. Desse modo, os menores de 18 anos não são passíveis de pena, porém, ficam "sujeitos à medidas de segurança constantes dos títulos V e VI que lhes forem aplicáveis" (art. 15).

Desse modo, é o juízo de *periculosidade* que preside sua proposta de política criminal contra a delinqüência juvenil. A conseqüência disso é que o menor infrator passa a ter um lugar até então nunca imaginado no Brasil: ao lado dos loucos, dos vadios, dos criminosos habituais ou por tendência etc. Sua fórmula, contudo, não vingou. É tanto que o legislador, mais adiante (1940), preferiu outra alternativa. Mas isso não interessa aqui. Nesse ponto, importa apenas saber qual é a nova posição para a idade penal no anteprojeto de Código Penal que apareceu 25 anos depois do de Alcântara Machado, agora com a assinatura de Nelson Hungria.

## Anteprojeto Nelson Hungria

Em 1963 Nelson Hungria foi chamado pela segunda vez para inscrever seu nome na história do Direito Penal brasileiro. A conjuntura da época era marcada pelo avanço das idéias políticas e sociais.

Tudo no país era feito em nome das reformas de base. Mexia-se com a terra, a educação, o capital, e o Direito não podia ficar fora daquele impulso reformista. Assim, o Código de 40 precisava ser revisto.

O anteprojeto elaborado por Nelson Hungria correspondeu a esse propósito. Sua estrutura mudou o Código de 1940 sob muitos aspectos, inclusive na matéria da idade penal. Assim, o jogo das oscilações manteve seu ritmo. O limite da idade penal agora é de 16 anos. Exige-se, contudo, que o mesmo revele "suficiente desenvolvimento psíquico para entender o caráter ilícito do fato e governar a própria conduta" (art. 32). Se esse atributo subjetivo não for captado, prevalece a inimputabilidade até os 18 anos.

## A idade penal no Direito Comparado

A instabilidade do legislador brasileiro em relação à idade penal não é um estigma local, sem símiles nas práticas jurídicas de outros povos. Alemanha e Espanha demonstram isso muito bem. O limite da idade penal nesses países hoje é 18 anos[20]. Mas até recentemente não era assim. Durante muito tempo a regra adotada na Alemanha indicava os 14 anos como limite da inimputabilidade[21], e a Espanha, 16[22]. Algo semelhante ocorreu em Portugal. No passado, a idade exigida para a imputação já foi de 10 anos[23]; a partir do Código Penal de 1982 passou para 16 (art. 19).

Por outro lado, não há uma medida para a idade penal com o timbre da universalidade. Variam os números de um país para outro. De qualquer modo, segundo Túlio Kahn (pesquisador do Instituto Latino-Americano das Nações Unidas para a prevenção do delito e o tratamento do delinqüente), os dados da ONU, obtidos em pesquisa

20. Kahn, T. [*on line*] *Delinqüência juvenil se resolve aumentando oportunidades e não reduzindo a idade penal*. Disponível em http:// www. conjunturacriminal.com.Br.
21. Maurach, R. e Zipf, H. *Derecho Penal*. Buenos Aires: Astrea, 1994, p. 635.
22. Conde, F.M. *Teoria General Del Delito*. Valencia, Tirant Lo Blanch, 1991, p. 131.
23. Correa, E. *Direito Criminal*. Coimbra: Livraria Almedina, 1971, p. 331.

realizada num universo de 57 países, apontam na direção de que em apenas 17% a idade mínima para punição se situa no limite inferior aos 18 anos[24].

Alguma coisa esses números ensinam. Ajudam, por exemplo, na compreensão de que não tem muito amparo internacional as posições daqueles que *De lege ferenda* postulam a redução da idade penal para 16 anos. Mais ainda, permitem entender que as incertezas ligadas ao tema enfraquecem os inconformados com a definição do legislador que estabeleceu na Constituição (art. 228), no Código Penal (art. 27) e no ECA (art. 104) os 18 anos como limite da imputação.

## Conclusão

O percurso feito até aqui permitiu um levantamento da experiência do legislador, no Brasil e em outros países, com a idade mínima para a punição. A impressão que ficou é que o tratamento da matéria ainda se encontra na fase do tubo de ensaio. Sujeita, portanto, a uma longa e tardia observação, sem que nenhuma descoberta possa ser anunciada. No fundo, o que se passa não é mais do que um grande fracasso. O legislador, antigo e moderno, nunca soube o que fazer com crianças socialmente hostis. É por isso que insiste em tentativas de ensaio e erro que revelam, não a medida certa da idade penal, mas de sua ignorância.

Projetos que circulam no Congresso Nacional, os de números 91 e 133, por exemplo, refletem muito bem esse quadro. Pretende-se ali mudanças na Constituição (art. 228) para reduzir a idade penal de 18 para 16 anos. São justificados, contudo, por argumentos que beiram à indigência. A rigor, a lógica em que se fundam apela para três vertentes: 1. a experiência do Direito Comparado; 2. o discernimento dos jovens de hoje; 3. o uso manipulado dos menores pelos imputáveis. Sustentado nesse tripé, no discurso dos projetos os EUA aparecem

24. Kahn,T., *op.cit.*

como paradigma para explicar a experiência de outros povos, a mídia é exibida como capaz de transformar os jovens mais "cônscios dos seus atos" e o crime organizado manipula-os para escapar da imputação.

Acontece que nenhuma dessas premissas se sustenta. A primeira tem pelo menos dois pontos fracos. De um lado, a regra americana para a menoridade é minoritária no campo internacional; de outro, o direito brasileiro, sobretudo em matéria penal, tem raízes ligadas ao velho mundo e não a Tio Sam. A segunda fracassa ali onde de algum modo recupera o surrado conceito de discernimento (presente e amplamente criticado nos códigos do século XIX), agora travestido na idéia de que os jovens de hoje estão mais maduros pela eficácia "educadora" dos meios de comunicação. A terceira encontra seu limite na possibilidade bastante previsível de o crime organizado recrutar para seus quadros menores cada vez mais jovens, numa faixa suficiente para escapar da imputação.

Não se nega aqui uma conjuntura de surto referida a infrações dos menores. O que se nega é a solução pela via da penalização. Os menores socialmente hostis já têm no seu encalço as formas legais apropriadas para conter seu impulso. É o caso do Estatuto da Criança e do Adolescente. A carência então não é a de um novo *cânon* para a menoridade. Mas de políticas públicas aptas para, preventivamente, fazê-los assimilar a necessidade do pacto social. Fora disso, o que se tem é um discurso histérico. Este se apresenta quase sempre num quadro que combina fantasia desfeita com um drama montado. No caso do Brasil, a fantasia desfeita teve como causa a morte do Estado do bem-estar social. Ele sucumbiu aos ataques contra a Previdência, a CLT, e os serviços públicos que sempre prestou. Seu lugar vem sendo ocupado pelo mercado, pela privatização e por novos centros de poder. O luto que resultou disso mostra uma sociedade cabisbaixa, fragilizada e insegura quanto ao seu destino. É como se todos estivessem sitiados por inimigos. Acontece que eles são invisíveis, e isto é suficiente para descortinar o cenário do drama. O espetáculo começa quando eles são anunciados e timbrados com um nome. A escolha recaiu nos **menores infratores**.

## Referências bibliográficas

Barreto, Tobias. *Menores e Loucos*. *In*: Barreto, Tobias. *Estudos do Direito II*. 2ª Ed. Rio de Janeiro: Record, 1991.

Conde, Francisco Munoz. *Teoria General del delito*. Valência: Tirant lo blanch, 1991.

Correia, Eduardo. *Direito Criminal*. Coimbra: Livraria Almedina, 1971.

Costa e Silva, Antônio José da. *Código Penal dos Estados Unidos do Brasil*. São Paulo: Companhia Editora Nacional, 1930.

Hungria, Nelson e Fragoso, Heleno Cláudio. *Comentários ao Código Penal*. 5ª Ed. Rio de Janeiro: Forense, 1978.

Kahan, Túlio. "Delinqüência juvenil se resolve aumentando oportunidades e não reduzindo a idade penal". Disponível em htpp://www.conjunturacriminal.com.br

Lombroso, Cezare. *O homem criminoso*. Rio de Janeiro: Editora Rio, [S.D.].

Maurach, Reynhart e Zipf, Heinz. *Derecho Penal*. Trad. Jorge Buffil Genzch Aymone Gibson. Buenos Aires: Editorial Astrea, 1994.